취업시험
영어단어 베스트

이 남 정

청출람

취업시험 영어단어 베스트

초판 인쇄　　　　2021년 3월 1일
초판 발행　　　　2021년 3월 1일
지은이　　이남정
펴낸이　　이남정
펴낸곳　　청출람
디자인　　이수빈
출판등록 2008. 12. 28. 제22-3038호
주소　　　경기도 성남시 분당구 판교역로 240
　　　　　삼환 하이펙스 A동 308호(13493)
전화　　　0505-565-7788, 02-883-7331

이 책은 저작권법의 보호를 받는 저작물입니다.
잘못된 책은 사신 곳에서 바꾸어 드립니다.

취업시험
영어단어 베스트

이 남 정

책 머리에

　이 책은 공무원 임용시험·기업체 채용시험 및 유학생을 위한 TOEFL, TOEIC 등 시험 준비에 필요한 단어를 누구나 학습하기 편하도록 알파벳 순으로 정리하였습니다.

　기본 단어 1,300 어, 파생어 450 어, 총 1,750 단어가 수록되어 있으며, 기본단어를 매일 13개씩 익히면 100일에 완성할 수 있습니다.

　예문은 비교적 쉬운 단문(single sentence) 위주의 간단한 문장만 골랐습니다. 문장 이해가 이 책의 주된 목적이 아니라는 판단에서 그렇게 했습니다.

　공부하는 데 채찍이 될 수 있고, 삶을 살아가면서 도움이 될만한 속담, 격언, 저명인사의 좋은 말 등을 골라 담았으며, 매 10일마다 머리를 식힐 수 있는 유머를 올려놓았습니다. 휴게실로 이용하시기 바랍니다.

　수능시험 영어단어 베스트, 중학생 영어단어 베스트는 이 책의 자매입니다. 수준에 따라 익힐 수 있도록 했으며, 난이도를 파악하는 데 도움이 되도록 부록 형식으로 뒤에 올려놓았습니다. 필요하면 골라보실 수 있습니다.

차 례

1st Day	008
록펠러	028
11th Day	030
현장학습	050
21st Day	052
탐정과 학자	072
31st Day	074
요술 병	094
41st Day	096
IMF 시대의 아버지	116
51st Day	118
과학적 증명	138
61st Day	140
거물 운전사	160
71st Day	162
구두쇠	182
81st Day	184
국회의원	204
91st Day	206
중학생 영어단어 베스트 찾아보기	227
수능시험 영어단어 베스트 찾아보기	249

1st Day ~ 10th Day

록펠러

0001~0013 **1st Day**

(월   일)

0001 abandon [əbǽndən] 동 단념하다, 그만두다
abandonment[əbǽndənmənt] 명 포기
They *abandoned* the plan for another one.
그들은 그 계획을 단념하고 다른 것으로 바꾸었다.

0002 abbreviate [əbríːviéit] 동 생략하다, 줄여쓰다
abbreviation[əbrìːviéiʃən] 명 생략
Mistress abbreviates Mrs.
Mistress는 Mrs.로 줄여 쓴다.

0003 abhor [æbhɔ́ːr] 동 싫어하다, 거부하다, 멸시하다
abhorrence[æbhɔ́ːrəns] 명 혐오, 증오
abhorrent[æbhɔ́ːrənt] 형 몹시 싫은, 지겨운
We *abhor* all forms of racism.
우리는 모든 형태의 민족 차별주의를 싫어한다.

0004 abolish [əbɔ́liʃ] 동 폐지하다, 완전히 파괴하다
abolition[æ̀bɔliʃən] 명 폐지, 폐기, 박멸
Lincoln *abolished* slavery.
링컨은 노예제도를 폐지했다.

0005 abort [əbɔ́ːrt] 동 유산(낙태)하다, 중단하다, (계획) 좌절되다
abortion[əbɔ́ːrʃən] 명 임신중절, 유산, 낙태
She received a pledge of his love, but she had it *aborted*.
그녀는 그의 사랑의 징표를 받았으나, 그것을 지워버렸다.

0006 abrupt [əbrʌ́pt] 형 느닷없이, 뜻밖의, 돌연한, 당돌한, 가파른
abruption[əbrʌ́pʃən] 명 중단, 종결, 분리
abruptly[əbrʌ́ptli] 부 갑자기, 뜻밖에
She was very *abrupt* with me in our meeting.
그녀가 우리 회의 때 내게 몹시 당돌했다.

0007 absorb [əbsɔ́ːrb] 동 흡수하다, 빨아들이다
absorption[əbsɔ́ːpʃən] 명 흡수, 병합, 전념
Plants *absorb* nutrients from the soil.
식물은 토양으로부터 양분을 흡수한다.

0008 accentuate [ækséntʃuèit] 동 강조하다, 두드러지게 하다
accentuation[æksèntʃuéiʃən] 명 강조하기, 악센트를 붙이기
In his works Dickens *accentuated* the need for social reform.
디킨스는 그의 작품에서 사회개혁의 필요성을 역설했다.

0009 accommodate [əkɑ́mədèit] 동 수용하다, 투숙하다
accommodation[əkɑ̀mədéiʃən] 명 숙박, 숙박 시설, 편의
Can you *accommodate* us for the night?
하룻밤 재워 줄 수 있나요?

0010 accord [əkɔ́ːd] 동 일치하다 명 일치, 조화
accordance[əkɔ́ːdəns] 명 일치, 조화
His words and actions do not *accord*.
그의 언행은 일치하지 않는다.

0011 accordingly [əkɔ́ːdiŋli] 부 따라서, 그러므로, 그래서
I wanted to study abroad and I made plan *accordingly*.
나는 유학을 가고 싶어 거기에 따른 계획을 세웠다.

0012 accumulate [əkjúːmjulèit] 동 모으다, 축적하다, 쌓다
accumulation[əkjuːmjuléiʃən] 명 축적, 누적
Without letters, no one can expect to *accumulate* knowledge or develop culture.
문자가 없으면 지식의 축적이나 문화의 발전을 기대할 수 없다.

0013 acid [ǽsid] 형 신, 신맛의, 신랄한 명 산(酸), 신 것
Rye is tolerant of poor, *acid* soils.
호밀은 척박하고 산성 땅에 강하다.

0014~0026 **2nd Day**

(월   일)

0014 acquaint [əkwéint] 동 숙지하다, 알리다, 고하다
acquaintance[əkwéintəns] 명 지식, 익히 앎, 면식
Have you *acquainted* your parents with your plan?
부모님에게 너의 계획을 알려드렸느냐?

0015 acute [əkjúːt] 형 날카로운, 격렬한, 예리한, 심각한
He is an *acute* observer of the social scene.
그는 사회 현상에 대한 예리한 관찰자이다.

0016 addict [ədíkt] 동 빠지게 하다, 탐닉하다 [ǽdikt] 명 중독자
addiction[ədíkʃən] 명 열중, 탐닉, 중독
He *addicted* his mind to speculation.
그는 사색에 잠겨 있었다

0017 adequate [ǽdikwət] 형 적당한, 어울리는, 충분한
She refused his offer for no *adequate* reason.
그녀는 적당한 이유도 없이 그의 제안을 거절했다.

0018 adhere [ədhíər] 동 부착하다, 고수하다, 집착하다
adherence[ədhíərəns] 명 고수, 집착, 부착
adherent[ədhíərənt] 형 들러붙은, 접착성의
The timetable was *adhered* rigidly.
시간표는 단단하게 잘 붙어있었다.

0019 adjoin [ədʒɔ́in] 동 ~에 인접하다, 붙어있다
adjoining[ədʒɔ́iniŋ] 형 인접하는
They stayed in *adjoining* room.
그들은 서로 붙어있는 방에 묵었다.

0020 adjourn [ədʒə́ːrn] 동 휴회하다, 폐회하다
Congress was *adjourned* for the day.
그날 의회는 휴회되었다.

0021 adorn [ədɔ́ːrn] 동 꾸미다, 장식하다
adornment[ədɔ́ːrnmənt] 명 꾸밈, 장식품
She *adorned* herself with jewels.
보석으로 몸치장을 했다.

0022 adversity [ædvə́ːrsəti] 명 역경, 불운
adverse[ædvə́ːrs] 형 거스르는, 불리한
He overcame many personal *adversity*.
그는 많은 개인적인 역경을 극복했다.

0023 advocate [ǽdvəkèit] 명 옹호자, 주창자, 변호사 동 옹호하다
He *advocated* higher salaries for teachers.
그는 교사에게 더 많은 봉급을 주어야 한다고 주장했다.

0024 aerial [ɛ́əriəl] 형 공기의, 공기 같은, 공중의, 덧없는 명 안테나
Unmanned *aerial* vehicles(UAVs, drone) were first used by military.
무인 공중차량(드론)은 맨 처음 군대에서 사용되었다.

0025 affirm [əfə́ːrm] 동 확언하다, 단언하다
affirmation[æfəméiʃən] 명 단언, 주장, 긍정
affirmative[əfə́ːrmətiv] 형 긍정의, 단정적인 명 긍정문
He *affirmed* that the news was true.
그 뉴스가 사실이라고 단언했다.

0026 affix [əfíks] 동 고착시키다, 첨부하다 [ǽfiks] 명 첨부물
He *affixed* stamp to a letter.
그는 편지에 우표를 붙였다.

0027~0039 3rd Day

(　월　　　일)

0027 afflict [əflíkt] 동 괴롭히다
affliction[əflíkʃən] 명 고통, 고뇌, 고생, 재해
He was *afflicted* by the feeling of inferiority.
그는 열등감으로 번민했다.

0028 agency [éidʒənsi] 명 기능, 작용, 대리(권), 대리점
I've been temping for an employment *agency*.
나는 직업소개소에서 임시직으로 일해 왔다.

0029 aggregate [ǽgrigèit] 동 모으다, 집합하다 명 집합, 총계
aggregation[æ̀grigéiʃən] 명 집합, 집단
Society is an *aggregate* of individuals.
사회는 개인들의 집합체다.

0030 aggression [əgréʃən] 명 공격, 침략, 침범
aggressive[əgrésiv] 형 침략적인, 공세의, 공격의
The research shows that computer games may cause *aggression*.
연구에 의하면 컴퓨터 게임이 공격성을 유발할 수도 있음을 보여주고 있다.

0031 agitate [ǽdʒətèit] 동 흔들다, 선동하다
agitation[æ̀dʒətéiʃən] 명 흔들기 동요
She was *agitated* with grief.
그녀는 슬픔으로 마음의 평정을 잃었다.

0032 agony [ǽgəni] 명 심한 고통, 고민
Only in the *agony* of parting we look into the depth of love.
(George Eliot, English novelist)

이별의 아픔 속에서만 우리는 사랑의 깊이를 알게 된다.
(조지 엘리엇, 영국 소설가)

0033 aircraft [ɛ́ərkræft] 명 항공기, 비행기
The *aircraft* is powered by a jet engine.
그 항공기는 제트 엔진으로 작동한다.

0034 aisle [ail] 명 통로, 복도
Would you prefer a window seat or an *aisle* seat?
좌석을 창가 쪽, 복도 쪽 어느 쪽을 드릴까요? (항공권 예매 시)

0035 alert [ələ́ːrt] 형 방심않는, 기민한 명 경계 동 경고하다
The soldiers were *alert* to capture an intelligencer.
병사들이 첩보원을 사로잡기 위해 빈틈없이 감시하고 있었다.

0036 algebra [ǽldʒəbrə] 명 대수학
He is studying *algebra*.
그는 대수학을 공부하고 있다.

0037 alien [éiljən] 형 외국(인)의, 성질이 다른 명 외국인, 외계인
It is supposed that the UFO is an *alien* spaceship.
사람들은 UFO를 외계인 우주선이라고 생각하고 있다.

0038 allot [əlát] 동 할당하다, 분배하다, 충당하다
allotment[əlátmənt] 명 분배, 할당, 배당, 특수수당
We *alloted* each speaker an hour.
우리는 연사 각자에게 한 시간씩 할당했다.

0039 allude [əlúːd] 동 암시하다, 넌지시 비추다, 언급하다
He *alluded* to his personal problems but didn't go into details.
그는 개인적인 문제를 살짝 비쳤지만, 상세하게 말하지는 않았다.

0040~0052 4th Day

(월 　 일)

0040 ally [əlái] 동 동맹하다, 제휴하다 명 동맹국, 연합국, 친척
Great Britain *allied* with the United States.
영국이 미국과 동맹을 맺었다.

0041 almighty [ɔːlmáiti] 형 전능한, 굉장한, 대단한
Almighty God(=God *Almighty*).
전능하신 하느님.

0042 alternate [ɔ́ːltərnèit] 형 교대의, 번갈아 하는 동 교체하다
alternation[ɔ̀ːltənéiʃən] 명 교대, 교체
alternative[ɔːltə́nətiv] 형 양자택일의 명 대안, 다른 방도
I *alternated* between joy and grief.
기쁨과 슬픔이 내 마음속에서 번갈아 일어나고 있었다.

0043 ambassador [æmbǽsədər] 명 대사
He is the American *Ambassador* to Korea
그는 주한 미국대사다.

0044 ambiguous [æmbígjuəs] 형 애매(모호)한, 분명하지 않은
His reply to my question was somewhat *ambiguous*.
나의 질문에 대한 그의 대답은 다소 애매했다.

0045 amendment [əméndmənt] 명 변경, 개선, (법률의) 수정
amend[əménd] 동 수정하다, 개정하다, 고치다
Parliament passed the bill without further *amendment*.
의회가 추가 수정 없이 그 법안을 통과시켰다.

0046 amid, -dst [əmìd, -dst] 전 ~의 한복판에
He came on stage *amid* clapping and cheering.
박수와 환호 속에 그가 무대로 나왔다.

0047 amplify [ǽmpləfài] 동 확대하다, 과장하다, 상세하게 설명하다
ample[ǽmpl] 형 넓은, 광대한
amplification[æ̀mpləfikéiʃən] 명 확대, 부연
He *amplified* on the accident.
그는 그 사건에 대해 상세하게 말했다.

0048 amuse [əmjúːz] 동 즐겁게 하다, 즐기다
amusement[əmjúːzmənt] 즐거움, 위안, 오락(물)
amusing[əmjúːziŋ] 형 재미나는, 즐거운, 우스운
He *amused* the children with joke.
그는 농담으로 아이들을 즐겁게 해 주었다.

0049 analogy [ənǽlədʒi] 명 유사, 비슷함, 유추
analogize[ənǽlədʒàiz] 동 유추하다, 유사하다
analogous[ənǽləgəs] 형 유사한, 비슷한
There is no *analogy* between your problem and mine.
네 문제와 내 문제 사이에 공통점이 없다.

0050 analysis [ənǽləsis] 명 분석, 분해, 분석
analyst[ǽnəlst] 명 분석자, 분해자, 시스템 분석자
analyze, -lyse[ǽnəlàiz] 동 분석하다, 분해하다, 검토하다
analytic, -ical[æ̀nəlítik(əl)] 형 분해(분석)의, 분석적인
The paper published an *analysis* of the political situation.
신문은 정치적 상황에 대한 분석결과를 발표했다.

0051 anatomy [ənǽtəmi] 명 해부, 해부학
anatomize[ənǽtəmaiz] 동 해부하다, 분해하다, 분석하다
We are going to do *anatomy* of frogs next class.
우리는 다음 수업에 개구리를 해부할 것이다.

0052 anchor [ǽŋkər] 명 닻 동 닻으로 고정시키다
They cast *anchor* at nightfall.
그들은 해 질 무렵에 닻을 내렸다.

0053~0065 5th Day

(월   일)

0053 anecdote [ǽnikdòut] 명 일화, 일사(逸事)
This research is based on *anecdote* not fact.
이 연구는 사실이 아닌 개인의 진술에 기초한 것이다.

0054 anonymous [ənɔ́niməs] 형 익명의, 가명의, 무명의
anonymity[æ̀nəníməti] 명 익명, 무명
An *anonymous* letter is the meanest weapon.
익명 편지는 가장 비열한 방법이다.

0055 antipathy [æntípəθi] 명 반감, 혐오, 싫은 것
I have a deep *antipathy* to snake.
뱀을 매우 싫어한다.

0056 appeal [əpíːl] 동 호소하다, 간청하다, 상소하다
He *appealed* to us to support his candidate.
그는 우리에게 자신의 입후보를 지지해 달라고 호소했다.

0057 appetite [ǽpətàit] 명 식욕, 욕망
A good *appetite* is good sauce.
시장이 반찬이다. (속담)

0058 apprehend [æ̀prihénd] 동 이해하다, 염려하다, 체포하다
apprehension[æ̀prihénʃən] 명 염려, 우려, 불안, 이해(력)
apprehensive[æ̀prihénsiv] 형 염려하는, 이해가 빠른
I *apprehended* that the situation was serious.
나는 사태가 심각함을 알았다.

0059 appropriate [əpróuprieit] 형 적합한, 특유의 동 충당하다
Each played his *appropriate* part.
저마다 맡은 역할을 적절하게 잘했다.

0060 **approximate** [əprɔ́ksəmèit] 형 대략의 동 어림하다, 접근하다
approximately[əprɔ́ksəmətli] 부 대략
approximation[əprɔ́ksəmeiʃən] 명 근사함, 접근, 비슷한 일
The report is *approximate* to the truth.
그 보고서는 사실에 가깝다

0061 **arbor** [á:bər] 명 나무
※arbor day 식목일
In the United States, *Arbor* Day is a holiday, originated in 1872.
미국에서는 식목일은 공휴일이고 1872년에 시작되었다.

0062 **architecture** [á:kətèktʃər] 명 건축술(학), 구조, 구성
architect[á:kətèkt] 명 건축가, 설계자
architectural[à:kətéktʃərəl] 형 건축학(술)의, 건축상의
Eiffel tower is a famous *architecture* of Paris.
에펠 탑은 파리에서 유명한 건축물이다.

0063 **arctic** [á:ktik] 형 북극의, 북극지방의, 극한(極寒)의
Robert Peary was the first explorer *arctic* region.
로버트 피어리는 최초의 북극 탐험가였다.

0064 **aristocrat** [ǽristəkrǽt] 명 귀족, 귀족적인 사람
aristocracy [ǽristɔ́krəsi] 명 귀족 정치, 귀족계급
aristocratic[ǽristəkrǽtik] 형 귀족의, 귀족 정치의, 배타적인
The countess is an *aristocrat* from an old family.
그 백작 부인은 유서 깊은 가문 출신의 귀족이다.

0065 **arithmetic** [əríəmətik] 명 산수, 산술, 계산
Your *arithmetic* is pretty bad.
너는 계산이 몹시 서툴군.

0066~0078 6th Day

(　월 　일)

0066 arrogant [ǽrəgənt] 형 거만한, 건방진
arrogance, -cy[ǽrəgəns, -si] 명 오만, 거만, 건방짐
He is an *arrogant* little man.
그는 오만한 소인배이다.

0067 article [ɑ́:tikl] 명 글, 기사, 논설, 조항, 물품, 관사
The *article* appeared in issue 25
그 글은 25호에 실렸다.

0068 artificial [ɑ̀:təfíʃəl] 형 인공의, 부자연스러운 명 인공물, 모조품
These flowers are *artificial*.
이 꽃들은 조화이다.

0069 ascend [əsénd] 동 (위로) 오르다, 올라가다
ascent[əsént] 명 상승, 승진, 오르막길
The ballon *ascended* high up in the sky.
기구가 하늘 높이 올라갔다.

0070 ashamed [əʃéimd] 형 부끄러이 여기는, 수줍어하는
You should be *ashamed* of yourself.
너 좀 부끄러운 줄 알아야 한다.

0071 ashore [əʃɔ́:] 부 물가에, 해변에, 육상에서
Columbus came *ashore* on an island northeast of Cuba in 1492.
콜럼버스는 1492년에 쿠바의 북동쪽 섬 해안에 상륙했다.

0072 aside [əsáid] 부 곁에(으로), 떨어져서, ~을 제외하고
I like all sports, *aside* from football.
나는 축구를 제외하고 모든 스포츠를 좋아한다.

0073 aspire [əspáiər] 동 열망하다, 대망을 품다.
aspiration [æspəréiʃən] 명 열망, 포부, 동경
He had an *aspire* to be a lawyer.
그는 변호사가 되기를 소망했다.

0074 assassin [əsǽsin] 명 암살자, 자객
assassinate [əsǽsənèit] 동 암살하다
Oswald was a *assassin* of John F. Kennedy.
오스왈드는 케네디 대통령 암살자였다.

0075 assault [əsɔ́:lt] 명 습격, 공격, 폭행 동 습격하다, 폭행하다
A man *assaulted* is half taken.
공격을 당하면 반은 진 것이다. (속담)

0076 assert [əsə́:rt] 동 단언하다, 역설하다, 주장하다
assertion [əsə́:rʃən] 명 주장, 단언
He *asserted* that he was innocent.
그는 그가 결백했다고 주장했다.

0077 assess [əsés] 동 평가하다, 사정하다, (세금) 부과하다
assessment [əsésmənt] 명 평가, 부가, 세액
His annual income was *assessed* at ten thousand dollars.
그의 연간 수입은 일만 달러로 평가되었다.

0078 asset [ǽset] 명 자산, 재산
Sociability is a great *asset* to a salesperson.
사교성은 외판원에게 큰 자산이다.

0079~0091 7th Day

(　월　　일)

0079 assign [əsáin] 동 할당하다, 배당하다, 부여하다, 선임하다
assignment[əsáinmənt] 명 할당, 지정, 지령, 담당
He *assigned* us the best room of the hotel.
그는 우리에게 그 호텔에서 가장 좋은 방을 배당했다.

0080 assume [əsjúːm] 동 당연한 일로 생각하다, 가정하다
assumption[əsʌ́mpʃən] 명 가정, 수락, 거만
I *assumed* him to be forgiving.
나는 그가 용서해 주리라 생각했다.

0081 astronomy [əstrɔ́nəmi] 명 천문학
Hippocrates interested in math and *astronomy* late in life.
히포크라테스는 만년에 수학과 천문학애 관심을 가졌다.

0082 athletic [æθlétik] 형 운동의, 체육의, 강건한
athlete[ǽθliːt] 명 운동가, 육상경기자
athletics[æθlétiks] 명 운동경기, 육상경기
He has an *athletic* mind.
그는 스포츠맨 정신을 가지고 있다.

0083 Atlantic [ətlǽntik] 명 대서양 형 대서양의
※the Atlantic Ocean 대서양
Another low is moving in from the *Atlantic*.
또 다른 저기압이 대서양에서 이동해 오고 있습니다.

0084 atmosphere [ǽtməsfìər] 명 대기, 공기, 분위기, 운치, 기압
I grew up in a very free *atmosphere*.
나는 지극히 자유로운 분위기에서 자랐다.

0085 atom [ǽtəm] 명 원자, 티끌

atomic[ətámik] 형 원자의, 원자력의, 극소의
An *atom* is the smallest substance.
원자는 물질의 최소 단위이다.

0086 attention [əténʃən] 명 주의, (편지) ~앞, (군대) 차렷
attentive[əténtiv] 형 주의 깊은, 세심한, 정중한
He had the *attention* of everyone in the hall.
그는 그 홀에 있던 모든 사람들의 주목을 받았다.

0087 attic [ǽtik] 명 다락방
He hide me from the police in his *attic*.
그는 나를 경찰의 눈을 피해 그의 다락방에 숨겨주었다.

0088 attire [ətáiər] 동 차려입다, 성장(盛裝)하다 명 복장, 의복
She *attired* herself in Korean dress.
그녀는 한복을 차려입고 있었다.

0089 attorney [ətə́:rni] 명 대리인, 변호사
My dream is to become an *attorney* in international law.
나의 꿈은 국제법 변호사가 되는 것이다.

0090 attribute [ətríbju:t] 동 ~탓으로 하다 [ǽtribju:t] 명 속성, 특성
attribution[ǽtrəbjú:ʃən] 명 (원인을 ~에) 돌림, 속성
He *attributed* his success to good luck.
그는 그가 성공한 것은 행운이 있었기 때문이라고 생각했다.

0091 audience [ɔ́:diəns] 명 청중, 관중, 경청
The *audience* cheered and clapped.
청중들이 환호하며 박수를 쳤다.

0092~0104 8th Day

(월   일)

0092 auditorium [ɔ̀ːdətɔ́ːriəm] 명 강당, 청중석, 공연장
Smoking is strictly prohibited in the *auditorium*.
강당에서는 흡연을 엄금하고 있다.

0093 available [əvéiləbəl] 형 이용할 수 있는, 시간이 있는
avail[əvéil] 동 소용이 되다, 쓸모 있다 명 이익, 효용
availability[əvèiləbíləti] 명 이용도, 유효성
This is the only room *available*.
이 방이 이용할 수 있는 유일한 방입니다.

0094 avenge [əvéndʒ] 동 복수하다
He promised to *avenge* his father's murder.
그는 아버지가 살해된 데 대해 복수하겠다고 약속했다.

0095 avenue [ǽvənjuː] 명 대로, 큰 가로, 수단, 길, 방법
We will explore every *avenue* until we find an answer.
우리는 답을 찾을 때까지 모든 방법을 모색할 것입니다.

0096 await [əwéit] 동 기다리다, 대기하다
The only thing that *awaits* people who get married is happiness.
결혼한 사람이 기다리는 유일한 것은 행복이다.

0097 award [əwɔ́ːrd] 동 수여하다, (상을) 주다
He was *awarded* a Nobel Prize.
그는 노벨상을 받았다.

0098 awe [ɔː] 명 두려움 동 두렵게 하다
awesome[ɔ́ːsəm] 형 두려움을 일으키게 하는
She spoke of him with *awe*.
그녀는 그에게 두려운 마음으로 말했다.

0099 **ax** [æks] 명 도끼 동 두렵게 하다
Don't play with an *ax*.
도끼를 가지고 장난치지 말아라.

0100 **bachelor** [bǽtʃələr] 명 미혼(독신) 남자, 학사학위
He is an elderly *bachelor*.
그는 나이 지긋한 독신 남자이다.

0101 **backbone** [bǽkbòun] 명 등뼈, 중견, 기골(氣骨), 용기, 정신력
Agriculture forms the *backbone* of the rural economy.
농업은 농촌 경제의 근간이 되고 있다.

0102 **backward(s)** [bǽkwərd(z)] 부 뒤에(로), 역행하여, 거꾸로
His health is going *backward* lately.
그의 건강이 최근에 나빠지고 있다.

0103 **ballot** [bǽlət] 명 투표, 투표용지 동 투표하다
He was *balloted* for chairman.
그는 투표로 의장에 선출되었다.

0104 **banish** [bǽniʃ] 동 추방하다, 내쫓다
banishment[bǽniʃmənt] 명 추방
The children were *banished* from the dining room.
아이들이 식당에서 쫓겨났다.

0105~0117 9th Day

(월   일)

0105 bankrupt [bǽŋkrʌpt] 명 파산자, 지급 불능자 형 파산한
bankruptcy[bǽŋkrʌpsi] 명 파산, 도산, 파탄, 실추
The company will go *bankrupt* sooner or late.
그 회사는 조만간 파산할 것이다.

0106 banner [bǽnər] 명 기(旗), 표지 형 일류의 동 기를 달다
We must stand together under the *banner* of youth.
우리는 청춘의 깃발 아래 단결해야 한다.

0107 banquet [bǽŋkwit] 명 연회, 향연 동 연회를 베풀어 대접하다
They *banqueted* the visiting dignitary.
그들은 방문한 귀한 손님을 연회를 열어 대접했다.

0108 barbarian [bɑːbɛ́ərən] 명 야만인, 이방인 형 미개인의, 교양 없는
The *barbarian* lives without principle.
원칙 없는 생활을 하는 사람은 야만인이다.

0109 barber [bɑ́ːbər] 명 이발사, 이발소 동 이발하다
The skillful *barber* gave a nice hair cut for me.
능숙한 이발사가 이발을 멋지게 해 주었다.

0110 barren [bǽrən] 형 불모의, 척박한, 임신하지 못하는
Some deserts are *barren* with no life.
몇몇 사막은 생명체가 없는 불모지이다.

0111 barrier [bǽriə] 명 울타리, 방벽, 장벽
I do not consider physical disability as a *barrier* for social life.
나는 육체적 장애가 있다 하여 사회생활을 하는 데 지장이 있다고 생각하지 않는다.

0112 basin [béisən] 명 대야, 세면기, 수반

We need another *basin* of water.
물 한 대접이 더 필요하다.

0113 bay [bei] 명 만(灣)

A solitary seagull winged her way across the *bay*.
갈매기 한 마리가 혼자서 만 위를 가로질러 날아갔다.

0114 beam [biːm] 명 (대)들보, 광선 동 빛을 발하다

The sun shed its *beam* upon the vineyard.
태양이 포도밭에 햇빛을 쏟아부었다.

0115 beard [biərd] 명 턱수염

※ mustache [məstǽʃ] 명 콧수염
※ whisker [hwískər] 명 구레나룻

He has a heavy *beard*.
그는 짙은 턱수염을 가지고 있다.

0116 beast [bíːst] 명 짐승, 짐승 같은 놈, 고집쟁이

Hunger brought out the *beast* in him.
굶주림으로 그의 짐승 같은 성질이 드러났다.

0117 beetle [bíːtl] 명 딱정벌레

The *beetle* is a beauty in the eyes of its mother.
딱정벌레도 어미 눈에는 아름답게 보인다(속담).

0118~0130 10th Day

(　월　　일)

0118 beforehand [bifɔ́ərhænd] 무 이전에, 미리, 벌써
Let me know *beforehand*.
미리 알려주세요.

0119 belly [béli] 명 배, 복부 동 부풀다, 부풀게 하다
The *belly* has no ears.
배에는 귀가 없다. (속담)
(배가 고프면 바른말도 제대로 들리지 않는다.)

0120 bestow [bistóu] 동 주다, 수여하다, 선물하다, 사용하다
The trophy was *bestowed* upon the winner.
승자에게 트로피가 수여되었다.

0121 bet [bet] 명 내기 동 내기하다
He *betted* 30 dollars on the race horse.
그는 경주말 내기에서 30달러를 걸었다.

0122 beware [biwéər] 동 조심(주의)하다, 경계하다
Beware of what you say.
말조심하세요.

0123 bewilder [biwíldər] 동 어리둥절케 하다, 당황하다
bewilderment[biwíldəmənt] 명 당황, 어리둥절함
These shifting attitudes *bewilder* me.
이렇게 태도를 확 바꾸면 내가 난처해지는데.

0124 bid [bid] 동 명령하다, 말하다, (값을) 매기다 명 입찰
I *bade* him go.
나는 그에게 가라고 말했다.

0125 billion [bíljən] 명 10억, 무수(無數)

billionaire(bìljənέər) 명 억만장자
billionth[bíljənθ] 형 10억 번째의 명 10억 번째
There are *billions* of stars in the sky.
하늘에 무수한 별들이 있다.

0126 biography [baiágrəfi] 명 전기(傳記), 일대기
※autobiography[ɔ̀ːtəbaiágrəfi] 명 자서전
The *biography* is better than a popular novel.
전기는 대중소설보다 낫다.

0127 biology [baiálədʒi] 명 생물학
biologic, -ical[baiálədʒik(əl)] 형 생물학(상)의
biologist[baiálədʒist] 명 생물학자
Biology is included natural science.
생물학은 자연과학에 포함된다.

0128 blacksmith [blǽksmiθ] 명 대장장이, 대장간
In 1838, a Scottish *blacksmith* invented the first bicycle with pedals.
1838년에 스코틀랜드 한 대장장이가 페달이 달린 자전거를 처음 발명했다.

0129 blade [bleid] 명 칼날, 잎, 잎사귀
The kitchen knife needs a keen *blade*.
부엌칼은 날이 예리해야 한다.

0130 blast [blæst] 명 돌풍, 폭풍, 폭발 동 폭파하다, 큰소리 지르다
The news *blasted* our hopes.
그 소식은 우리의 희망을 꺾어버렸다.

록펠러

John D. Rockefeller spent many winters in Florida.
One day he went to the dentist to have a tooth pulled.
"How much?" he asked in advance.
"Three dollars," said the dentist, who didn't even know who his client was.
"What! Three dollars to pull a tooth!" grumbled the wealthy man who gave away millions of dollars for public good.
"Here's a dollar. Loosen it a little bit!"

존 록펠러는 플로리다에서 자주 겨울철을 보냈다.
어느 날 그는 이를 뽑기 위해 치과의사에게 갔다.
"얼마죠?" 하고 그는 미리 물어보았다.
"3달러입니다."라고 그 의사는 말하면서도 그의 고객이 누구인지는 알지 못했다.
"뭐라구요! 이빨 하나 뽑는데 3달러라니." 공익사업을 위해 수백만 달러를 기부하는 그 부자가 투덜거렸다.
"자 1달러 받으시고 이빨을 조금 흔들리게 해 주세요."

dentist : 치과의사
in advance : 미리
grumble : 투덜거리다
give away : 남에게 주다, 싸게 팔다

11th Day ~ 20th Day

현장학습

0131~0143 11th Day

(　　월　　　일)

0131 blaze [bleiz] 명 불길, 번쩍거림 동 타오르다, 빛나다, 격노하다
The bonfire is *blazing* away for hours.
모닥불이 몇 시간 동안 타고 있다.

0132 bleed [blíːd] 동 출혈하다
His nose is *bleeding*.
그가 코피를 흘리고 있다.

0133 bless [bles] 동 은총을 내리다, 베풀다, 찬미하다
blessing[blésiŋ] 명 은총, 은혜, 축복
I am *blessed* in my children.
나는 자식 복이 있다.

0134 blizzard [blízərd] 명 강한 눈보라, 쇄도, 돌발
Tropical regions don't have *blizzard*.
열대지방에서는 눈보라가 없다.

0135 blossom [blɔ́səm] 명 꽃(집합적, 과수), 개화, 만발 동 꽃이 피다
The peach trees *blossom* in April.
복숭아나무는 4월에 꽃이 핀다.

0136 blunder [blʌ́ndər] 명 큰 실수 동 실수하다, 머뭇거리다
She has *blundered* again.
그녀는 또 실수를 했다.

0137 blunt [blʌnt] 형 무딘, 둔한
You're very *blunt*.
당신 되게 무뚝뚝하네.

0138 bluster [blʌ́stər] 동 거세게 몰아치다, 혹평하다
blusterer[blʌ́stərər] 명 호통치는 사람, 혹평하는 사람

I *blustered* him into silence.
호통쳐서 그를 침묵하게 했다.

0139 **boast** [boust] 동 자랑하다, 큰 소리치다
He *boasts* that he can swim well.
그는 수영을 잘한다고 자랑한다.

0140 **boost** [buːst] 동 밀어 올리다, 격려하다, (사기를) 높이다
booster[búːstər] 명 원조자, 후원자, 증폭기
The construction boom *boosted* the economy of the country.
건축 붐으로 나라 경제가 활성화되었다.

0141 **bosom** [búzəm] 명 가슴 동 마음에 품다 형 가슴의, 친한
He returned to the *bosom* of his family.
그는 그의 가족의 품으로 돌아왔다.

0142 **botany** [bɔ́təni] 명 식물학, 식물, 식물의 생태
botanic, -ical[bətǽnik, -ikəl] 형 식물(학)의, 식물성의
A declining interest in *botany* is threatening to preserve wild plants.
식물학에 대한 관심의 감소는 야생 식물 보존에 위협이 되고 있다.

0143 **bough** [bau] 명 큰 가지
I hacked off *boughs* to step forward.
앞으로 나가기 위해 가지를 마구 잘랐다.

0144~0156 12th Day

(　월　　일)

0144 bounce [bauns] 동 튀다, 급히 움직이다
The car is *bouncing* along the rough road.
차가 울퉁불퉁한 길을 흔들리며 달리고 있다.

0145 bound¹ [baund] 형 묶인, 제본한, 속박당한, 틀림없는
※bind의 과거·과거분사
He was *bound* up in his work.
그는 일에 몰두하고 있었다.

0146 bound² [baund] 동 튀어 오르다, 튀다 명 반등
The ball *bounded* back from the wall.
공이 벽을 맞고 튀었다.

0147 bound³ [baund] 명 경계선, 영역 내, 범위 동 경계를 짓다
boundary[báundəri] 명 경계선, 한계
German is *bounded* on the south by France.
독일은 남쪽으로 프랑스와 접하고 있다.

0148 bowel [báuəl] 명 창자, 내장, 내부
I have a *bowel* movement.
대변이 마려워요.

0149 brace [breis] 명 버팀대, 지주(支柱) 동 버티다
Brace yourself for some bad news.
좋지 않은 소식이 있어도 마음을 굳게 먹어라.

0150 breed [briːd] 동 (새끼를) 낳다, 기르다, 개량하다
Ten mice were *bred* in the laboratory.
실험실에서 생쥐 열 마리를 번식시켰다.

0151 breeze [bríːz] 명 산들바람, 미풍

There isn't a *breeze*.
바람 한 점 없다.

0152 brethren [bréðrən] 명 동포, 형제, 같은 신도
It is the duty of all Koreans to save northern brethren.
북한 동포를 구하는 일은 우리 한국인 모두의 의무이다.

0153 brew [bruː] 동 양조하다, 혼합하여 만들다, 음모를 하다
Beer is *brewed* from malt
맥주는 맥아로 양조된다.

0154 bribe [braib] 명 뇌물, 동 매수하다
bribery[bráibəri] 명 수회, 증회
He was accused of taking *bribes*.
그는 뇌물을 받아서 기소되었다.

0155 brisk [brisk] 형 활발한, 민첩한
briskly[brískli] 부 활발하게, 힘차게
Brisk walking is good for your health on a cold day.
추운 날씨에 힘차게 걸으면 건강에 좋다.

0156 brood [bruːd] 명 한 배 병아리, 무리 동 알을 품다, 곰곰 생각하다
broody[brúːdi] 형 알을 품고 싶어하는, 다산(多産)의
A *brood* of chicks trailed a hen.
병아리 한 무리가 암탉 뒤를 따라가고 있었다.

0157~0169 13th Day

(　월　　　일)

0157 brook [bruk] 명 시내, 개천
I feel like I'm sleeping comfortably by a *brook*.
개울가에서 편하게 자고있는 것 같은 느낌이 들어요.

0158 broth [brɔːθ] 명 묽은 수프, 죽
Too many cooks spoil the *broth*.
요리사가 너무 많으면 수프를 망친다. (속담)
(사공이 많으면 배가 산으로 간다.)

0159 brow [brau] 명 이마, 눈썹
Man must live by the sweat of his *brow*.
사람은 이마에 땀이 날 정도로 일하며 살아야 한다.

0160 brutal [brúːtl] 형 잔인한, 사나운
brute [bruːt] 명 짐승
brutality [bruːtǽləti] 명 잔인, 무자비, 야만적 행위
brutalize [brúːtəlraiz] 동 짐승처럼 하다(되다), 잔인하게 하다
It is *brutal* treatment.
그것은 잔혹한 처사이다.

0161 budget [bʌ́dʒit] 명 예산, 예산안, 경비
We have a very tight *budget*.
우리는 예산이 아주 빠듯하다.

0162 bulge [bʌldʒ] 동 가득 차다, 부풀다, 갑자기 나타나다 명 부푼 것
After huge dinner, his belly *bulged* even more.
저녁 식사를 한껏 해서 그의 배가 한결 불룩해졌다.

0163 bulk [bʌlk] 명 크기, 용적, 대부분
The *bulk* of the population lives in cities.
인구의 대부분은 도시에 산다.

0164 bull [bul] 명 황소, 수컷
The *bull* put its head down and charged.
황소가 고개를 숙이고 달려들었다.

0165 bullet [búlit] 명 탄알, 소총탄
The ballet is stronger than *bullet*.
투표는 총알보다 강하다(Abraham Lincoln).

0166 bunch [bʌntʃ] 명 다발, 송이, 동아리
I bought a *bunch* of flowers for my wife.
아내에게 꽃 한 다발을 사 주었다.

0167 bundle [bʌndl] 명 묶음, 꾸러미, 덩어리
That town has a *bundle* of problems.
그 도시에 많은 문제가 있다.

0168 burden [bə́:rdn] 명 무거운 짐, 부담, 걱정 동 ~에게 짐을 지우다
Life has become a *burden* to him.
삶이 그에게 짐이 되어 왔다.

0169 bureau [bjúərou] 명 사무소, (관청의) 구, 사무국
bureaucracy[bjuərákrəsi] 명 관료정치(제도, 주의), 관료
He called a travel *bureau* for information on winter cruise.
겨울 유람 여행에 대해 물어보려고 여행안내소에 전화했다.

0170~0182 14th Day

(월   일)

0170 burn [bəːrn] 동 (불) 타다, 태우다, 빛을 내다
burner[bə́ːrnə] 명 연소기, 태우는 사람
burning[bə́ːrniŋ] 형 타고 있는, 뜨거운
His eyes *burned* with rage.
그의 눈이 분노로 이글거렸다.

0171 burst [bəːrst] 동 파열하다, 폭발하다, 터지다 명 파열, 돌발
The romance of a newlywed is like a bubble waiting to *burst*.
신혼의 로맨스는 터지기를 기다리고 있는 거품과 같은 것이다.

0172 bustle [bʌsl] 동 부산하게 움직이다, 붐비다
She *bustled* around in the kitchen.
그녀는 부엌에서 바삐 움직였다.

0173 butterfly [bʌ́tərflài] 명 나비, 변덕스러운 여자
Butterflies can not be strong flyer.
나비는 잘 날아다닐 수 없다.

0174 buzz [bʌz] 동 (벌) 윙윙거리다, 와글거리다 명 (윙윙하는) 소리, 소문
The place *buzzed* with excitement.
그곳은 흥분으로 와글거렸다.

0175 cabin [kǽbin] 명 오두막, 선실, 객실 동 오두막에 살다
He was born in a *cabin* built of rough logs.
그는 생 통나무로 만든 오두막에서 태어났다.

0176 calf [kæf] 명 송아지, 새끼, 바보, 순진한 사내
Cows usually give birth to one *calf* at a time.
소는 보통 한 번에 송아지 한 마리를 낳는다.

0177 camel [kǽməl] 명 낙타

It is easier for a *camel* to go through the eye of a needle, than for a rich man to enter into the kingdom of God.
(Bible Matt. 19 : 24)
낙타가 바늘귀로 들어가는 것이 부자가 하느님의 나라로 들어가는 것보다 쉬우니라(성서 마태복음 19 : 24).

0178 canal [kənǽl] 몡 운하, 수로 통 ~에 운하를 만들다(파다)
The Suez *Canal* is the longest in the world.
수에즈 운하는 세계에서 가장 긴 운하이다.

0179 cancel [kǽnsl] 통 지우다, 삭제하다, 무효로 하다, 취소하다
They had to *cancel* the game because of bad weather.
그들은 날씨가 좋지 않아 경기를 취소해야만 했다.

0180 candidate [kǽndideit] 몡 후보자, 지원자
He is a *candidate* for the governorship.
그는 지사 선거 후보자이다.

0181 cane [kein] 몡 지팡이, 회초리 통 매질하다
His punishment was six strokes of the *cane*.
그에 대한 벌은 회초리 여섯대였다.

0182 cannon [kǽnən] 몡 대포 통 포격하다, 충돌하다
The captain ordered to *cannon* to the enemy.
함장은 적에게 포격을 명령했다.

- 37 -

0183~0195 15th Day

(월   일)

0183 capable [kéipəbl] 혱 유능한, 능력이 있는, ~할 수 있는
capability[kèipəbíliti] 명 가능성, 능력, 역량
He is *capable* of doing anything.
그는 무슨 일이나 할 수 있는 능력이 있는 사람이다.

0184 captive [kǽptiv] 혱 포로의 명 포로
He was the *captive* to her beauty.
그는 그녀 미모에 그녀의 포로가 되었다.

0185 capture [kǽptʃər] 명 포획, 빼앗음 동 붙잡다, 점령하다
The police *captured* the burglar.
경찰이 강도를 체포했다.

0186 caravan [kǽrəvæn] 명 대상(隊商), 포장마차
It is a popular location for people with *caravan*.
그곳은 캐러밴 여행을 즐기는 이들에게 잘 알려져 있다.

0187 cardinal [ká:dinəl] 혱 주요한, 기본적인, 붉은 명 추기경, 심홍색
It is a matter of *cardinal* importance.
그것은 매우 중요한 일이다.

0188 career [kəríər] 명 경력, 이력, 직업, 출세
She has become a real *career* woman.
그녀는 진정한 직업여성이 되었다.

0189 carpenter [ká:pəntər] 명 목수, 목공 동 목수 일을 하다
He *carpentered* in his youth.
그는 젊은 시절에 목수 일을 했다.

0190 carriage [kǽridʒ] 명 차, 탈것, 마차, 몸가짐
First comes a kiss, then marriage, then a baby in a baby

carriage.
처음에는 키스하고, 그러고 나서 결혼하고, 그러고 나서 유모차 안에 아기가 있게 된다.

0191 casualty [kǽʒuəlti] 명 (불의의) 사고, 재난, 희생자
There were no *casualties* in the traffic accident.
그 교통사고에서 사상자가 한 사람도 없었다.

0192 caterpillar [kǽtərpilər] 명 애벌레, 유충
A *caterpillar* is transformed into a butterfly.
애벌레는 나비로 변한다.

0193 cease [siːs] 동 멈추다, 그만두다, 그치다, 죽다
The company *ceased* trading in July.
그 회사는 7월에 거래를 중단했다.

0194 celebrity [səlébriti] 명 명성, 유명인
The trial made him quite a *celebrity*.
그 재판으로 그는 일약 유명인이 되었다.

0195 cellar [sélər] 명 지하실, 지하 저장고
Water had started to leak into the *cellar*.
물이 지하실로 스며들기 시작했다.

0196~0208　16th Day

(　　월　　　일)

0196 cemetery [sémətèri] 명 묘지
He is reposed at Arlington *Cemetery*.
그는 알링턴 국립묘지에 안장되어 있다.

0197 certificate [səːrtífikət] 명 증명서, 동 증명하다, 증명서를 주다
certification[sə̀ːrtəfikéiʃən] 명 증명, 보증, 증명서
You should have a *certificate* to be a teacher.
선생님이 되려면 자격증이 있어야 한다.

0198 chamber [tʃéimbər] 명 방, 응접실, 회관, (상·하원) 의원(議院)
They found themselves in a vast underground *chamber*.
그들은 커다란 지하실에 들어와 있는 자신들을 발견했다.

0199 chant [tʃænt] 명 노래, 성가 동 노래를 부르다
The demonstrators *chanted* slogan as they marched.
데모대는 구호를 외쳐대며 행진했다.

0200 chaos [kéiɔs] 명 혼돈, 무질서
chaotic[[keiɔ́tik] 형 무질서한, 혼란한
After the earthquake, the area was in *chaos*.
지진이 있은 후 그 지역은 혼란 상태에 빠졌다.

0201 character [kǽriktər] 명 특성, 인격, 신분 동 묘사하다, 새기다
characteristic[kæ̀riktərístik] 형 특색을 이루는, 독자적인, ~에 특유한
characterize[kǽriktəràiz] 동 특색을 이루다, ~의 성격을 나타내다
Everyone admires his strength of *character* and determination.
모든 사람들은 그의 강인한 기개와 결단력을 흠모한다.

0202 charity [tʃǽrəti] 명 자애, 자비, 자선
Charity begins at home.
자선은 가정에서 시작된다. (속담)

0203 chase [tʃeis] 동 쫓다, 추적하다, 사냥하다 명 추격, 추구, 사냥
Police *chased* after the murder.
경찰이 살인범을 추적했다.

0204 chatter [tʃǽtər] 동 재잘거리다, 지껄이다, (새가) 지저귀다
Who *chatters* to you will of you.
남의 소문을 너에게 말하는 사람은 남에게 너의 소문도 말할 것이다. (속담)

0205 cherish [tʃériʃ] 동 소중히 하다, 귀여워하다
He *cherished* his native land.
그는 모국을 그리워했다.

0206 chest [tʃest] 명 가슴, 상자, 금고
He had to have his *chest* X-rayed.
그는 흉부 엑스선 검진을 받아야만 했다.

0207 chiefly [tʃíːf] 부 주로, 대개, 대부분
Trout are found *chiefly* in cool, fresh waters.
송어는 주로 차고 맑은 물에 산다.

0208 chill [tʃil] 명 냉기, 냉담 형 차가운 동 춥게 하다, 으스스해지다
chilly[tʃili] 형 차가운, 으스스한 부 냉담하게
Chilled the wine before serving.
와인을 내 오기 전에 차게 해 두세요.

0209~0221 **17th Day**

(월   일)

0209 chimney [tʃímni] 몡 굴뚝
Smoke was rising from the *chimney*.
연기가 굴뚝에서 피어오르고 있었다.

0210 chirp [tʃəːrp] 몡 짹짹(새, 벌레의 울음소리) 동 찍찍 울다, 노래하다
The children *chirped* with amusement.
아이들이 재미가 나서 끽끽 소리를 질렀다.

0211 choir [kwaiər] 몡 합창단, 성가대
She now directs a large *choir*.
그녀는 이제 대규모 합창단을 지휘한다.

0212 choke [tʃouk] 동 질식시키다, 숨 막히게 하다, 막다, 저지하다
The sudden wind *choked* his words.
돌풍 때문에 그는 말을 하지 못했다.

0213 chop [tʃɔp] 동 자르다, 베다 몡 절단
Add the finely *chopped* onions.
곱게 다진 양파를 넣어라.

0214 chorus [kɔ́ːrəs] 몡 합창 동 합창하다
They *chorused* their agreement with my proposal.
내 제안에 그들은 이구동성으로 찬성했다.

0215 chronic [krɔ́nik] 혱 만성의, 오래 끄는, 상습적인 몡 만성병
The cancer is a *chronic* disease.
암은 만성병이다.

0216 circuit [sə́ːrkit] 몡 순회, 회전, 우회(도로) 동 한 바퀴 돌다
The moon takes 27.32 days to make a *circuit* of the earth.
달이 지구를 한 바퀴 도는데 27.32일이 걸린다.

0217 cite [sait] 동 인용하다, 소환하다, 표창하다, 언급하다
He *cited* many instance of abuse of power.
그는 권력 남용에 대한 많은 사례를 인용했다.

0218 civilization [sìvəlizéiʃən] 명 문명, 문화
civilize[sívəlàiz] 동 문명화하다, 교화하다
civilized[sívəlàizd] 형 교화된, 예의 바른
Greece was the cradle of Western *civilization*.
그리스는 서구 문명의 발상지였다.

0219 clap [klæp] 동 가볍게 두드리다, 손뼉 치다, 소리를 내다
He *clapped* her hand in delight.
그는 좋아서 손뼉을 쳤다.

0220 clash [klæʃ] 명 격돌, 충돌 동 부딪치는 소리를 내다, 충돌하다
There was violent *clash* between the police and demonstrators.
경찰과 시위대 사이에 격렬한 충돌이 있었다.

0221 claw [klɔː] 명 (고양이 등) 발톱 동 할퀴다
The kitten *clawed* my sweater to shred.
새끼 고양이가 나의 스웨터를 발톱으로 할퀴어 갈기갈기 찢어 놓았다.

0222~0234 **18th Day**

(월   일)

0222 clay [klei] 몡 점토, 찰흙
Clay is used for making bricks and pots.
점토는 벽돌과 항아리 만드는 데 사용된다.

0223 clergy [klə́ːrdʒ] 몡 성직자들(집합적, 복수의미)
clergyman 몡 성직자
During the Dark Ages, the only people who received any education were the *clergy*.
암흑시대 동안 교육을 받은 유일한 사람들은 성직자들이었다.

0224 cloak [klouk] 몡 망토, 은폐물 동 가리다, 숨기다
He wears a woolen *cloak* in winter.
그는 겨울에는 모직 망토를 입는다.

0225 cluster [klʌ́stər] 몡 무리, 송이 동 무리를 이루다
The plant bears its flowers in *clusters*.
그 식물은 덩어리로 꽃이 핀다.

0226 coarse [kɔːs] 형 조잡한, 거친, 야비한, 음탕한
The stiff and *coarse* fabric irritated her skin.
빳빳하고 거친 천이 그녀의 피부를 자극했다.

0227 coffin [kɔ́fin] 몡 관 동 관에 넣다
Smoking is a nail in your *coffin*.
흡연은 네 관에 못을 박는 일이다(흡연은 수명을 단축한다.).

0228 coherent [kouhíərənt] 형 일관성 있는, 분명한, 응집성의
The government need to be *coherent* if it is to be believed.
정부는 신뢰를 얻기 위해서는 일관성이 있어야 한다.

0229 colleague [kɔ́liːg] 몡 동료, 동업자

He was highly respected by all *colleagues*.
그는 모든 동료들로부터 크게 존경받고 있었다.

0230 collide [kəláid] 동 충돌하다, 일치하지 않다
collision[kəlíːʒən] 명 충돌, 격돌, 대립, 불일치
Two cars *collided* on the street last night.
차 두 대가 어제 저녁 도로에서 충돌했다.

0231 colony [kɔ́ləni] 명 식민지, 거류민
colonial[kəlóuniəl] 형 식민(지)의, 케케묵은 명 식민지 주민
Archimedes was born in 287 BC in Syracuse in Sicily, then a Greek *colony*.
아르키메데스는 당시 그리스 식민지인 시실리의 시라큐스에서 기원전 287년에 태어났다.

0232 colt [koult] 명 망아지
The wildest *colts* make the best horses.
야생 망아지가 가장 좋은 말이 된다(그리스 인생 속담).

0233 comb [koum] 명 빗 동 빗질하다
Your hair needs a good *comb*.
네 머리 잘 빗어야겠어.

0234 comment [kɔ́ment] 명 논평, 주석, 설명 동 비평하다
His behavior is the best *comment* upon his character.
그의 태도는 그의 성격을 가장 잘 설명해 주고 있다.

0235~0247 19th Day

(월   일)

0235 commerce [kɔ́məːrs] 몡 상업, 통상, 무역, 거래, (C-) 상무부
commercial[kəmə́ːrʃəl] 혱 상업의, 무역의 몡 상업방송
The use of currency made it possible for *commerce* and industry to develop further.
화폐를 사용하게 됨에 따라 상공업이 더욱 발달하게 되었다.

0236 commodity [kəmɔ́diti] 몡 일용품, 상품
Water is a *commodity* in Paris.
프랑스에서는 물이 일용품이다.

0237 communism [kɔ́mjunìzm] 몡 공산주의
communist[kɔ́mjunìst] 몡 공산주의자
Communism rejects market economy.
공산주의는 시장경제를 거부한다.

0238 commute [kəmjúːt] 동 교환하다, 경감하다, 통근하다
Most office workers *commute* from the suburbs.
대부분 회사원들은 교외에서 통근한다.

0239 compact [kəmpǽkt] 혱 빈틈없는, 치밀한, 소형의 동 압축하다
I like to write *compacted* sentences.
나는 간결한 글을 쓰기를 좋아한다.

0240 companion [kəmpǽnjən] 몡 동료, 친구 동 동반하다, 사귀다
He is a *companion* of my childhood.
그는 나의 소꿉친구이다.

0241 compassion [kəmpǽʃən] 몡 불쌍히 여김, 동정
compassionate[kəmpǽʃənit] 혱 자비로운, 동정심이 있는
On Christmas, *companion* overflow in every corner of the world.
크리스마스가 되면 온정이 온 세계에 흘러넘친다.

0242 **compensate** [kɔ́mpənsèit] 동 보상하다, 변상하다, 보충하다
compensation[kɔ̀mpənséiʃən] 명 배상, 변상, 보수
Industry and royalty *compensates* for lack of ability.
근면과 성실은 재능의 부족함을 메워준다.

0243 **compete** [kəmpíːt] 동 경쟁하다, 필적하다
competition[kɔ̀mpətíʃən] 명 경쟁, 경기, 경쟁자
competitive[kəmpétətiv] 형 경쟁의, 경쟁에 의한
There is no book that can *compete* with this.
이것에 필적할만한 책은 없다.

0244 **competent** [kɔ́mpətənt] 형 적임자의, 유능한, 자격이 있는
competence, -cy[kɔ́mpətəns, -si] 명 적성, 자격, 능력
He is *competent* to act as chairman.
그는 의장을 맡을 역량이 있다.

0245 **complete** [kəmplíːt] 형 완전한, 완벽한, 전부의 동 완성하다
completion[kəmplíːʃən] 명 완성, 수료, 졸업, 만기
completely[kəmplíːtli] 부 완전히, 완벽하게, 전부
Have you *completed* your novel yet?
벌써 소설을 다 썼어?

0246 **complicate** [kámpləkèit] 동 복잡하게 하다, 악화하다 형 복잡한
complication[kàmpləkéiʃən] 명 복잡, 분규, 합병증
His disease was *complicated* by pneumonia.
그의 병이 폐렴으로 더욱 악화되었다.

0247 **compliment** [kámpləmənt] 명 경의, 인사말 동 경의를 표하다
complementary[kàmpləméntəri] 형 칭찬의, 찬양하는, 무료의
She hates being put under *compliment*.
그녀는 지나치게 정중하게 대해 주는 것을 싫어한다.

0248~0260 **20th Day**

(월   일)

0248 component [kəmpóunənt] 형 구성하고 있는 명 성분, 구성요소
    Fruits are an essential *component* of health diet.
    과일에는 건강한 식단 조절의 중요한 성분이 들어있다.

0249 compound [kəmpáund] 동 합성하다, 타협하다 명 합성물
    The new plastic was *compounded* of unknown materials.
    새 플라스틱은 알려지지 않은 재료로 만들어졌다.

0250 compromise [kámprəmàiz] 명 타협, 화해 동 타협하다
    They *compromised* a lawsuit.
    그들은 소송문제를 타협해서 해결했다.

0251 compulsory [kəmpʌ́lsəri] 형 강제된, 강제적인, 의무적인
    Two years of military drill is *compulsory*.
    2년간의 군사훈련은 의무적이다.

0252 comrade [kɔ́mræd] 명 동료, 친구
    He lost his best *comrade* in combat.
    그는 전투에서 그의 절친을 잃었다.

0253 conceal [kənsíːl] 동 숨기다, 비밀로 하다
    He *concealed* himself behind a tree.
    그는 나무 뒤에 숨었다.

0254 concede [kənsíːd] 동 인정하다, 시인하다, 승리를 허용하다
    Everyone *concedes* that lying is bad.
    거짓말하는 것이 나쁘다는 것을 모든 사람들은 인정한다.

0255 conceit [kənsíːt] 명 자부심, 자만 동 우쭐대다
    He is a big man in his own *conceit*.

그는 제 딴에는 거물인 줄로 알고 있다.

0256 conceive [kənsíːv] 동 마음에 품다, 느끼다, 고안하다, 상상하다
I can't *conceive* that it would be of any use.
나는 그것이 무슨 소용이 될 것이라고 생각하지 않는다.

0257 conception [kənsépʃən] 명 개념, 생각, 구상, 임신
He has a low *conception* of woman.
그는 남존여비 생각을 하고 있다.

0258 condense [kəndéns] 동 압축하다, 농축하다
Condense your answer into a few words.
답변을 몇 마디로 요약하세요.

0259 confederate [kənfédərət] 형 동맹한, 연합한, 공모한
confederation[kənfèdəréiʃən] 명 연합, 동맹, 연합국
confederacy[kənfédərəsi] 명 연합, 동맹국
The *confederate* system is not useful to us.
우리는 연방제를 채택하고 있지 않다.

0260 confide [kənfáid] 동 신임하다, 비밀을 이야기하다
confidence[kɔ́nfədəns] 명 신임, 자신
confident[kɔ́nfədənt] 형 확신하는, 자신만만한
confidential[kɔ̀nfədénʃəl] 형 심복의, 기밀의
It is rare to find a friend in whom you can always *confide*.
언제나 신임할 수 있는 친구를 만나는 것은 쉽지 않다.

현장학습

Johnny's kindergarten class was on a field trip to their local police station where they saw pictures, tacked to a bulletin board, of the 10 most wanted men.
One of the youngsters pointed to a picture and asked if it really was the photo of a wanted person.
"Yes," said the policeman. "The detectives want him very badly."
So Johnny asked, "Why didn't you keep him when you took his picture?"

조니의 유치원에서 현장학습을 하기 위해 그 고장 경찰서에 가서 유치원생들이 게시판에 붙어있는 10명의 1급 지명수배자의 사진을 보았다.
한 어린이가 사진 하나를 가리키며 정말 수배자의 사진을 찍은 것이냐고 물었다.
"그럼." 경찰관이 대답했다. "경찰관은 그를 잡으려고 무척 애를 쓴단다."
그러자 조니가 물었다. "왜 사진 찍을 때 그 사람을 붙잡지 않았어요?"

field trip : 현장학습
police station : 경찰서
tack : 압정, 고정시키다
most wanted man : 1급 지명수배자

21st Day ~ 30th Day

탐정과 학자

0261~0273 21st Day

(　월　　　일)

0261 confine [kənfáin] 동 한정하다, 제한하다
confinement[kənfáinmənt] 명 제한, 감금
He did not *confine* himself to visiting Paris.
그는 파리 방문에만 국한하지 않았다.

0262 confound [kənfáund] 동 혼동하다, 당황케 하다
He do not *confound* right and wrong.
그는 옳고 그름을 구분하지 못하고 있다.

0263 confront [kənfrʌ́nt] 동 직면하다, 맞서다
confrontation[kànfrəntéiʃən] 명 직면, 대립
His house *confronts* mine.
그의 집은 우리 집과 마주 보고 있다.

0264 congress [kɔ́ŋgres] 명 국회
congressman[kɔ́ŋgresmən] 명 국회의원
Congress will vote on the proposals tomorrow.
국회가 내일 그 의안에 대해 표결할 것이다.

0265 conquer [káŋkər] 동 정복하다, 획득하다
conqueror[káŋkərər] 명 정복자
conquest[káŋkwet] 명 정복
She *conquered* the man she loved.
그녀는 사랑하는 남자를 자기 것으로 만들었다.

0266 conscience [kánʃəns] 명 양심
My *conscience* never allowed me to wear fur coat.
나는 양심상 모피 코트를 입지 않았다.

0267 consequence [kánsikwəns] 명 결과, 중대성
consequent[kánsikwənt] 형 결과의, 필연의

consequently[kánsikwəntli] 튄 따라서, 그 결과로
It is of *consequence* to do well what we have to do.
하지 않으면 안 될 일을 훌륭히 하는 것은 의미 있는 일이다.

0268 conservative [kənsə́ːrvətiv] 형 보수적인 명 (C~)보수당원
Her style of dress is never *conservative*.
그녀의 의상 스타일은 결코 보수적이지 않다.

0269 console [kənsóul] 동 위로하다
That *consoled* me for the loss.
그것은 나의 손실에 대한 위안이 되었다.

0270 conspicuous [kənspíkuəs] 형 뚜렷한, 뛰어난
The advertisement is posted in a *conspicuous* place.
그 광고는 눈에 잘 띄는 곳에 붙어있다.

0271 constitute [kɔ́nstitjùːt] 동 구성하다
constitution[kɔ̀nstitjúːʃən] 명 구성, 체질, 헌법, 정체(政體)
constitutional[kɔ̀nstətjúːʃənəl] 형 구성상의, 헌법상의
Seven members *constitute* our society.
우리 협회는 7명으로 구성되어 있다.

0272 contaminate [kəntǽmənèit] 동 더럽히다, 오염시키다
contamination[kəntæ̀mənéiʃən] 명 오염, 더러움
The drinking water has become *contaminated* with lead.
그 식수는 납으로 오염되어 가고 있다.

0273 contemplate [kántəmplèit] 동 찬찬히 생각하다, 고려하다
contemplation[kàntempléiʃən] 명 응시, 숙고, 예상
The war is too awful to *contemplate*.
전쟁은 너무 끔찍해서 생각하기도 싫다.

0274~0286 22nd Day

(　　월　　일)

0274 contemporary [kəntémpərəri] 형 동시대의, 현대의
He was a *contemporary* of Lee soon Shin.
그는 이순신과 동시대 인물이었다.

0275 contempt [kəntémpt] 명 경멸, 멸시, 모욕
She looked at me with *contempt*.
그녀는 경멸하는 눈초리로 나를 바라보았다.

0276 contend [kənténd] 동 싸우다, 다투다, 주장하다
He *contended* that he is innocent
그는 자신이 결백하다고 주장했다.

0277 contract [kɔ́ntrækt] 명 계약(서) 동 계약하다, 수축시키다
contraction [kəntrǽkʃən] 명 단축, 축소
He *contracted* to build the house at a fixed price.
그는 고정가격으로 그 집 건축계약을 했다.

0278 contrary [kɔ́ntrəri] 형 반대의, 적합치 않은 명 반대
Don't you think that is the *contrary*?
정 반대가 되어야 하는 거 아닌가?

0279 contrast [kɔ́ntræst] 명 대조, 대비 동 대조하다
She is great *contrast* to her sister.
그녀는 여형제들과는 아주 딴판이다.

0280 convention [kənvénʃən] 명 집회, 대회, 협약, 관습
conventional [kənvénʃənəl] 형 전통적인, 회의의
Under the Geneva *Convention*, collective punishment is a war crime.
제네바 협정에 의하면 집단처벌은 전쟁 범죄다.

0281 convert [kənvə́ːrt] 동 전환시키다, 바꾸다
I've *converted* to organic food.
나는 유기농 식품으로 바꾸었다.

0282 conviction [kənvíkʃən] 명 신념, 확신, 설득력, 유죄 판결
The argument carried little *conviction* to Korean readers.
그 주장은 한국 독자들에게는 설득력이 없었다.

0283 convince [kənvíns] 동 확신시키다
convincing [kənvínsiŋ] 형 설득력 있는
He tried to *convince* me of his innocence.
그는 나에게 자신의 결백을 납득시키려 했다.

0284 copper [kɔ́pə] 명 구리, 동전, 경찰
He had only a few *coppers* in his pocket.
그의 주머니에 동전 몇 닢만 있었다.

0285 corporation [kɔ̀ːpəréiʃən] 명 법인, 주식회사
corporate [kɔ́ːpərət] 형 법인의, 단체의
My father is the CEO of A *Corporation*!
제가 A 그룹 회장 아들이라고요!

0286 corps [kɔː] 명 군단, 단체
My father is in command of the *corps*.
우리 아버지는 군단을 통솔하신다.

0287~0299 **23rd Day**

(월   일)

0287 corridor [kɔ́rədər] 몡 복도, 회랑(回廊)
He walked the long *corridor*.
그는 긴 복도를 걸어갔다.

0288 corrupt [kərʌ́pt] 혱 부정한, 타락한 동 부패하다
corruption[kərʌ́pʃən] 몡 타락, 매수
Evil words *corrupt* good manners.
나쁜 말을 쓰면 행실이 나빠진다. (속담)

0289 cottage [kʌ́tiʤ] 몡 시골집, 작은 집
The *cottage* was cold and damp.
그 시골집은 춥고 눅눅했다.

0290 counsel [káunsəl] 몡 상담, 조언 동 조언하다
counselor, -llor[káunsələr] 몡 상담역, 고문
counseling[káunsəliŋ] 몡 카운슬링, 상담
Counsel after action is like rain after harvest.
행동 후의 조언은 수확 후에 비가 오는 것과 같다. (속담)

0291 county [káunti] 몡 군(郡), 주(州)
Do you know where Hadong *county* is?
하동군이 어디 있는지 아세요?

0292 courtesy [kə́ːrtəsi] 몡 예의, 공손, 호의
courteous[kə́ːrtiəs] 혱 예의 바른, 정중한, 친절한
He is a model of *courtesy*.
그는 예의의 본보기이다.

0293 coward [káuərd] 몡 겁쟁이, 비겁한 사람
Fear makes brave men out of *cowards*.
공포는 겁쟁이를 용감한 사람으로 만든다.

0294 cradle [kréidl] 명 요람, 어린이 침대
France is the *cradle* of modern art.
프랑스는 현대 미술의 요람이다.

0295 craft [kræft] 명 공예, 기능, 직업, 항공기
craftman[kræftmən] 명 장인(匠人), 기술자
The silversmith worked with great *craft*.
그 은세공 장인은 대단한 기술로 세공을 했다.

0296 crawl [krɔ:l] 동 기어가다, 서행하다, 우글거리다, 들끓다
The hut *crawled* with insects.
그 오막살이 집에 벌레들이 득실거렸다.

0297 creep [krí:p] 동 기다, 포복하다, 살살 가다
House prices are *creeping* up again.
집값이 다시 서서히 오르고 있다.

0298 cripple [krípl] 명 장애자, 불구자 동 불구가 되게하다
He was *crippled* physically and financially.
그는 몸도 상하고 돈도 떨어져 엉망이 되었다.

299 crisp [krisp] 형 파삭파삭한, 똑똑한, 힘 있는
The grass is *crisp* with the frost.
서리가 내려 풀이 바삭바삭해졌다.

02300~0312 24th Day

(월   일)

0300 critic [krítik] 몡 비평가, 평론가 혱 비판적인
critical[krítikəl] 혱 비평가의, 평론의, 위기의, 결정적인
criticism[krítisìzm] 몡 비평, 비난
criticize[krítisàiz] 동 비평하다, 비난하다
Every man is his own *critic*.
모든 사람은 자기 자신의 비판자이다.

0301 crush [krʌʃ] 동 눌러 부수다, 짓밟다
My hat was *crushed* flat.
내 모자가 납작하게 짜부라졌다.

0302 cube [kju:b] 몡 입방체, 정6면체
cubic[kjú:bik] 혱 입방의, 세제곱의
How many faces does a *cube*?
입방체는 면이 몇 개인가?

0303 cunning [kʌ́niŋ] 혱 교활한, 교묘한 몡 교활, 솜씨
He is as *cunning* as a fox.
그는 여우처럼 교활하다.

0304 cure [kjuər] 몡 치료 동 치료하다
Time *cured* him of his grief.
시간이 그의 슬픔을 가시게 해 주었다.

0305 curl [kə:rl] 동 (머리털을) 곱슬곱슬하게 하다
He has his mustaches *curled* up.
그는 콧수염을 꼬아 올렸다.

0306 currency [kʌ́rənsi] 몡 통화, 유통
current[kʌ́rənt] 혱 통용하고 있는, 현행의, 지금의
currently[kʌ́rəntli] 튀 일반적으로, 널리, 지금

This note was in common *currency* during the war.
이 지폐는 전쟁 중에 일반에게 통용되었다.

0307 curse [kəːrs] 명 욕설, 악담 동 저주하다, 욕하다
cursed[kə́ːrst] 형 저주받은, 가증스러운
He *cursed* the taxi driver for trying to overcharge him.
그는 그에게 터무니없는 요금을 청구하는 택시기사를 욕했다.

0308 curve [kəːrv] 명 곡선, 굴곡 동 구부리다, 굽히다
His life seemed like a *curve* with endless ups and downs.
그의 삶은 끝도 없이 오르락내리락하는 곡선과도 같았다.

0309 dairy [dɛ́əri] 명 낙농장, 낙농, 젖소 형 유제품의
She can't eat *dairy*.
그녀는 유제품을 못 먹는다.

0310 damp [dæmp] 형 축축한 명 습기 동 축축하게 하다
Continued failures *damped* her enthusiasm.
잇단 실패로 그녀는 열의를 잃었다.

0311 dawn [dɔːn] 명 새벽, 여명, 서광 동 날이 새다
Dawn broke over the valley.
골짜기에 새벽이 찾아왔다.

0312 daze [deiz] 동 현혹시키다, 멍하게 하다
He was *dazed* by a blow on the head.
그는 머리에 일격을 당하고 정신이 얼떨떨해졌다.

0313~0325 **25th Day**

(월   일)

0313 dazzle [dǽzl] 동 눈이 부시다 명 현혹
Coming from the dark house, I was *dazzled* by the sudden sunlight.
어두운 집에서 나오니 별안간 비치는 햇볕 때문에 눈이 부셨다.

0314 debate [dibéit] 동 논쟁하다, 토론하다 명 토론
We are *debating* what to do.
우리는 무엇을 해야 할지를 의논 중이다.

0315 decease [disí:s] 명 사망 동 사망하다
deceased[disí:st] 형 사망한, ~고(故), 고인
Obesity is one of the main causes of *decease*.
비만은 치명적인 죽음 원인 중의 하나이다.

0316 deceive [disí:v] 동 속이다, 기만하다
deceit[disí:t] 명 속임, 책략, 사기
He was *deceived* into buying such a thing.
그는 그런 물건을 속아서 샀다.

0317 decline [dikláin] 동 거절하다, 쇠퇴하다
We sent him an invitation, but he *declined*.
초청장을 보냈으나 그는 사양했다.

0318 dedicate [dédikèit] 동 헌납하다, 바치다
dedication[dèdikéiʃən] 명 봉납, 헌신, 전념
The ancient Greeks *dedicated* many shrines to Apollo.
그대 그리스인들은 많은 신전을 아폴로 신에게 봉납(奉納)했다.

0319 defect [difékt] 명 결점, 결함, 결손
defective[diféktiv] 형 결점이 있는
He has a *defect* in his character.

그는 성격상의 결함이 있다.

0320 deficient [difíʃənt] 휑 부족한, 불충분한, 멍청한
deficiency[difíʃənsi] 명 부족, 결핍, 부족분, 결손
deficit[défəsit] 명 부족(액), 적자
He is *deficient* in common sense.
그는 상식이 부족하다.

0321 define [difáin] 동 정의를 내리다, 규정짓다, 한정하다
definition[dèfəníʃən] 명 정의, 한정
definite[défənət] 휑 한정된, 명확한
definitely[défənətli] 분 한정적으로, 명확히
A careful person always *defines* his terms.
조심스러운 사람은 항상 자기의 말을 분명하게 말한다.

0322 defy [difái] 동 무시하다, 반항하다, 얕보다, 도전하다
defiance[difáiəns] 명 도전, 도전적 태도
defiant[difáiənt] 휑 도전적인, 거만한
Death is a course of nature that no one can *defy*.
죽음은 누구도 거스를 수 없는 자연의 섭리다.

0323 deliver [dilívər] 동 배달하다, 넘겨 주다, 말하다
delivery[dilívəri] 명 배달, 말투, 구출
Please *deliver* him this book.
그에게 이 책을 전해 주세요.

0324 delude [dilú:d] 동 속이다, 현혹하다
delusion[dilú:ʒən] 명 현혹, 기만, 환상
delusive[dilú:siv] 휑 기만적인, 믿을 수 없는
You're just *deluding* yourself if you think she still loves you.
만일 그녀가 너를 여전히 사랑하고 있다고 생각한다면 너는 망상에 빠져있는 것이다.

0325 den [den] 명 굴, 동굴, 밀실 동 굴에 살다, 굴에 몰아넣다
The legislature is nothing but a *den* of thieves.
국회는 도둑놈들의 소굴에 불과해.

0326~0338 26th Day

(　월　　일)

0326 denounce [venáuns] 동 비난하다, 탄핵하다, 고발하다
denunciation[denʌsiéiʃən] 명 탄핵, 고발, 위협
Somebody *denounced* him to the police as a spy.
어떤 사람이 그를 간첩이라고 경찰에 고발했다.

0327 dense [dens] 형 밀집한, 빽빽한
density[dénsəti] 명 밀도, 농도
The area is covered in *dense* jungle.
그 지역은 울창한 밀림으로 덮여있다.

0328 deplore [diplɔ́ər] 동 비탄하다, 개탄하다, 후회하다
He *deplored* the death of a close friend.
그는 친한 친구의 죽음을 애통해했다.

0329 deputy [dépjuti] 명 대리인 형 대리의
They opposed her nomination to the post of *Deputy* Director.
그들은 그녀가 부국장에 임명되는 것을 반대했다.

0330 derive [diráiv] 동 끌어내다, 유도하다, 유래하다
This word is *derived* from Latin.
이 단어는 라틴어에서 파생되었다.

0331 descend [disénd] 동 내려가다, 경사지다, 타락하다
descent[disént] 명 강하(降下), 전락, 급습
descendant[diséndənt] 명 자손, 후예
The country was *descending* into chaos.
나라는 혼돈으로 빠져들고 있었다.

0332 deserve [dizə́:rv] 동 ~할 가치가 있다. 할만하다
If you do wrong, you *deserve* to be punished.
네가 잘못을 저질렀다면 벌을 받는 것은 당연하다.

0333 designate [dézignèit] 동 가리키다, 지적하다, 지명하다
This floor has been *designated* a no-smoking area.
이 층은 금연 구역으로 지정되어 있다.

0334 desirable [dizáiərəbl] 형 바람직한, 탐나는, 호감이 가는
A measure of technical knowledge is *desirable* in this job.
이 일에서는 어느 정도의 기술적 지식이 있는 것이 좋다.

0335 desolate [désələt] 형 황량한, 쓸쓸한 동 황폐시키다
desolation[dèsəléiʃən] 명 황폐시킴, 황폐, 폐허, 쓸쓸함
The death of his wife left him *desolate*.
아내가 죽자 그는 고독해졌다.

0336 despise [dispáiz] 동 경멸하다, 멸시하다, 혐오하다
Honest people *despise* those who lie.
정직한 사람은 거짓말하는 사람을 싫어한다.

0337 despite [dispáit] 전 ~에도 불구하고
He is very strong *despite* of his age.
그는 노령에도 불구하고 매우 정정하다.

0338 detach [ditǽtʃ] 동 떼어내다, 분리하다, (군대를) 파견하다
detachment[ditǽtʃmənt] 명 분리, 이탈, 파견
Some of them *detached* themselves from the party.
그들 중에는 당을 떠나는 사람도 있었다.

0339~0351 27th Day

(월   일)

0339 detect [ditékt] 동 발견하다, 간파하다
detective[ditéktiv] 명 탐정, 형사 형 탐정의
I *detected* the man stealing money.
나는 그 사람이 돈을 훔치는 것을 보았다.

0340 devil [dévəl] 명 악마, 사탄
The *devil* has the best tunes.
악마는 멋진 가락을 가지고 있다. (속담)
(듣기 좋은 말을 하는 사람을 경계하라.)

0341 devise [diváis] 동 궁리하다, 고안하다
device[diváis] 명 장치, 고안
The task force is trying to *devise* an alternative plan.
대책 위원회는 대안을 고안해 내려고 노력 중이다.

0342 devote [divóut] 동 바치다, 헌신하다, 충당하다
devotion[divóuʃən] 명 헌신
She *devoted* herself to her children.
그녀는 자식들에게 헌신했다.

0343 dictate [díkteit] 동 구술(口述)하다, 받아쓰게 하다, 명령하다
dictation[diktéisʃən] 명 구술, 받아쓰기
The boss *dictated* a letter to a secretary
사장은 비서에게 편지를 받아쓰게 했다.

0344 dignity [dígnəti] 명 존엄, 위엄, 품위
There isn't *dignity* unless there is honesty. (Cicero)
정직하지 않으면 위엄도 사라진다. (키케로)

0345 diligent [dílidʒənt] 형 부지런한, 근면한
diligence[dílidʒəns] 명 근면, 부지런함

diligently [dílidʒəntli] 🟨 부지런히, 열심히
You are not more *diligent* than he is.
너는 그만큼 부지런하지 않다.

0346 dim [dim] 🟨 흐릿한, 희미한, 어둑한 🟥 흐려지다
Reading in *dim* light does harm your eyesight.
어둑한 불빛에서 독서를 하면 시력에 좋지 않다.

0347 diminish [dimíniʃ] 🟥 줄이다, 감소시키다, 줄다
Illness had seriously *diminished* his strength.
병으로 그의 힘이 몹시 약해졌다.

0348 dip [dip] 🟥 담그다, 잠기다
A crane *dipped* her head into the water to catch prey.
학(鶴) 한 마리가 먹이를 찾으려고 머리를 물속에 담그고 있었다.

0349 diploma [diplóumər] 🟩 졸업증서, 상장 🟥 (증서 등을) 수여하다
A *diploma* doesn't exist just for you to hang it on the wall.
졸업장은 단지 벽에 걸어 놓기 위해 존재하는 것은 아니다.

0350 diplomat [dípləmæ̀t] 🟩 외교관
diplomacy [diplóuməsi] 🟩 외교, 외교적 수완
A *diplomat* must have tact.
외교관은 재치가 있어야 한다.

0351 disable [diséibl] 🟥 쓸모없게 만들다, 무능하게 하다, 손상하다
disability [dìsəbíləti] 🟩 무력, 무능, 무자격
He was *disabled* in the war.
그는 전쟁으로 불구가 되었다.

0352~0364 28th Day

(월   일)

0352 disaster [dizǽstər] 명 재앙, 천재(天災)
disastrous[dizǽstrəs] 형 비참한
A nuclear war would be a *disaster*.
핵전쟁은 참화를 불러올 것이다.

0353 discharge [distʃɑ́ːdʒ] 동 짐을 내리다, 면제하다, 해임하다
He was *discharged* from office as incompetent.
그는 무능해서 회사에서 면직당했다.

0354 discipline [dísəplin] 명 훈련, 수련, 규율
Success in business requires training, *discipline* and hard work.
(David Rockefeller, an American banker)
사업에 성공하기 위해서는 훈련, 수련, 고된 노력이 있어야 한다.
(데이비드 록펠러, 미국 은행가)

0355 discourage [diskʌ́ridʒ] 동 단념시키다, 좌절시키다
I *discouraged* him from buying that junk car.
그가 그 고물차 사는 것을 그만두게 했다.

0356 discriminate [diskrímənèit] 동 식별하다, 구별하다, 차별하다
discrimination[diskrìmənéiʃən] 명 구별, 식별, 차별
He did not *discriminate* between right and wrong.
그는 옳고 그름을 구분하지 못했다.

0357 disease [dizíːz] 명 병, 질병
The *disease* is prevalent in the area.
병이 그 지방에서 만연하고 있다.

0358 disgrace [disgréis] 명 불명예, 망신
disgraceful[disgréisfəl] 형 수치스러운, 불명예스러운
There is no *disgrace* in being poor.

가난이 불명예는 아니다.

0359 disguise [disgáiz] 명 변장, 분장 동 변장하다
The king *disguised* as a peasant.
왕이 농부로 변장했다.

0360 dishonest [disɔ́nist] 형 부정직한, 불성실한
dishonesty[disɔ́nisti] 명 부정직
It was *dishonest* of you to say so.
그렇게 말하는 것은 정직하지 못한 일이었어.

0361 dishonor, -our [disɔ́nə] 명 불명예 동 명예를 손상시키다
He is a *dishonor* to his family.
그는 그의 가족에게 망신거리이다.

0362 dismiss [dismís] 동 해고하다, 퇴거시키다
dismissal[dismísəl] 명 해산, 퇴학, 면직
He was *dismissed* for drunkenness.
그는 술버릇이 나빠 해고되었다.

0363 disorder [disɔ́:dər] 명 장애, 질병, 무질서 동 혼란시키다
Panic *disorder* is a kind of mental *disorder*.
공황 장애는 일종의 정신 장애다.

0364 dispatch, des- [dispǽtʃ] 동 급파(특파)하다 명 급파
A group of specialists were *dispatched* to investigate the causes of the plane crash.
비행기 추락사고 원인을 조사하기 위해 전문가들이 급파되었다.

0365~0377 **29th Day**

(월   일)

0365 dispose [dispóuz] 동 배치하다, 처분하다, 충당하다
disposal[dispóuzəl] 명 처분, 정리, 매각
disposition[dispəzíʃən] 명 배열, 처분
She *disposed* furnitures tastefully around the room.
그녀는 가구들을 방에 기호에 맞게 배치했다.

0366 dissolve [dizɔ́lv] 동 녹이다, 용해시키다
The cold water isn't able to *dissolves* sugar as many as the hot water.
찬물은 더운물만큼 설탕을 많이 녹이지 못한다.

0367 distress [distrés] 명 고뇌, 빈곤 동 괴롭히다
Don't *distress* yourself about the matter.
그 일로 걱정하지 마라.

0368 distribute [distríbjut] 동 나누어주다, 유통시키다, 분류하다
distribution[dìstrəbjúʃən] 명 분배, 분포
You should *distribute* the exam papers face down.
시험지를 앞면을 밑으로 해서 나누어 주어야 합니다.

0369 disturb [distə́ːrb] 동 방해하다, 혼란시키다
disturbance[distə́ːrbəns] 명 방해, 소란
I hope I'm not *disturbing* you.
폐가 되지 않겠습니까?

0370 ditch [ditʃ] 명 도랑, 개천, 배수구 동 버리다
I *ditched* that old hat of yours.
너의 그 오래된 모자를 버렸어.

0371 divine [diváin] 형 신(神)의, 신성의, 신 같은 동 예언하다
None of us could have *divined* what would happen next.

- 68 -

누구도 다음에 무슨 일이 일어날지 예언할 수 없었다.

0372 divorce [divɔ́ːrs] 명 이혼 동 이혼하다
He *divorced* his wife.
그는 아내와 이혼했다.

0373 doctrine [dɔ́ktrin] 명 교리, 외교정책, 원칙
Jesus died too soon. If he had lived on my age he would have repudiated his *doctrine*. (Friedrich Nietzsche)
예수는 너무 일찍 죽었다. 만일 그가 내 나이만큼 살았더라면 자신의 교리를 부인했을 것이다. (니체)

0374 document [dɔ́kjumənt] 명 문서 동 기록하다, 입증하다
documentary[dàkjuméntəri] 명 문서의 명 기록영화
President subscribed his name to the *document*.
대통령은 그 문서에 서명했다.

0375 domestic [dəméstik] 형 가정의, 국내의, 가정적인
We should try to buy *domestic* products.
우리는 국산품을 애용해야 한다.

0376 dominate [dɔ́məneit] 동 지배하다, 억누르다, 조절하다, 탁월하다
dominant[dɔ́mənənt] 형 지배적인, 유력한, 현저한
He is a man who is *dominated* by greedy egoism.
그는 탐욕스러운 이기심에 사로잡힌 사람이다.

0377 donkey [dɔ́ŋki] 명 당나귀
The *donkey* means on thing and the driver another.
당나귀와 주인은 각기 생각이 다르다. (속담)
(같은 잠자리에서 다른 꿈을 꾼다, 동상이몽 同床異夢.)

0378~0390 30th Day

(월   일)

0378 doom [du:m] 명 운명
His *doom* was to be poverty.
가난한 것이 그의 운명이었다.

0379 doze [douz] 동 꾸벅꾸벅 졸다 명 졸기
He was *dozing* during sermon.
그는 설교 중에 졸고 있었다.

0380 draft, draught [dræft] 명 도안, 초안, 통풍 동 밑그림 그리다
The attached file is the *draft* contract.
첨부 파일은 계약서 초안입니다.

0381 drain [drein] 동 배수(排水)하다, 유출하다, 차츰 소모시키다
The water *drained* through a small hole.
물이 작은 구멍에서 흘러나왔다.

0382 dread [dred] 동 무서워하다 명 공포
dreadful[drédfəl] 형 무서운, 지겨운
She *dreads* gong out at night.
그녀는 밤에 외출하는 것을 무서워한다.

0383 dreary [dríəri] 형 황량한, 울적한, 지루한
England has a reputation for having cold, wet and *dreary* weather.
영국은 춥고, 습하고 음울한 날씨로 유명하다.

0384 drench [drentʃ] 동 흠뻑 젖게 하다
His letter was *drenched* with a great longing for home.
그의 편지에는 잔뜩 향수에 젖어있었다.

0385 drift [drift] 동 표류하다 명 표류
Inconsistent policies are causing affairs of the state to *drift*.

일관성 없는 정책이 국정을 표류하게 하고 있다.

0386 drip [drip] 동 액체가 방울방울 떨어지다
The rain is *dripping* from the eaves.
빗방울이 처마에서 똑똑 떨어지고 있다.

0387 drown [draun] 동 익사하다
A *drowning* man will catch at a straw.
물에 빠진 사람은 지푸라기라도 잡는다. (속담)

0388 duck [dʌk] 명 오리
The cat is within striking distance of the *duck*.
고양이가 오리를 공격할 수 있는 거리 내에 있다.

0389 duke [djuːk] 명 공작, 통치자
The present *duke* inherited the title from his father.
현 공작은 아버지로부터 그 직위를 물려받았다.

0390 dumb [dʌm] 형 벙어리의 동 잠자코 있다
Human intellect is *dumb* before mysteries.
신비 앞에서는 인간의 지성도 벙어리가 된다.

탐정과 학자

Sherlock Holmes and Dr. Watson went on a camping trip. After a good meal, they lay down for the night and went to sleep.
Some hours later, Holmes awoke and nudged his friend.
"Look up at the sky and tell me what you see."
"I see millions of stars," Watson replied.
"What does that tell you?" pursued Holmes.
"There're millions of galaxies and planets, and God is all powerful." Watson said.
"Someone has stolen our tent!" Holmes said.

셜록 홈즈와 왓슨 박사가 야영을 했다. 저녁을 잘 먹은 후 누워서 밤 하늘을 보며 잠이 들었다.
몇 시간이 지난 후 홈즈가 잠에서 깨어 그의 친구를 팔꿈치로 쿡쿡 찔렀다.
"하늘을 바라보아. 무엇이 보이나?"
"수 많은 별들이 보이는군." 왓슨이 대답했다.
"그게 뭘 말하는 건가?" 홈즈가 계속 물었다.
"수없이 많은 은하와 혹성이 있어. 그리고 하느님은 전능하시다는 것을 말하는 것이지." 왓슨이 말했다.
"누군가가 우리 텐트를 훔쳐갔어."라고 홈즈가 말했다.

nudge : 팔꿈치로 슬쩍 찌르다
millions of : 수많은
pursue : 추적하다, 추궁하다
galaxy : 은하(수)
all powerful : 전능한
Sherlock Homes : Conan Doyle 탐정소설 주인공
Dr. Watson : Sherlock Holmes를 보조하는 유식한 사람

31st Day ~ 40th Day

요술병

0391~0403 31st Day

(월   일)

0391 duplicate [djú:plikeit] 형 중복의 명 복제 동 복사하다
Is this a *duplicate* or original?
이것이 복사본인가요 원본인가요?

0392 durable [djúərəbl] 형 영속성 있는, 오래 견디는, 튼튼한, 항구적인
The blue jeans are made of *durable* cloth.
블루진은 오래 견딜 수 있는 옷감으로 만들어진다.

0393 duration [djuréiʃən] 명 계속, 지속, 존속
Our conversation was of short *duration*.
우리의 대화는 오래 계속되지 않았다.

0394 dwarf [dwɔːf] 명 난쟁이
A *dwarf* on a giant's shoulder sees the farther of the two. (Isaac Newton)
거인(巨人)의 어깨 위에 있는 난쟁이는 거인보다 더 멀리 본다. (자신의 업적을 낮추고 겸손을 보이는 말.) (뉴턴)

0395 dye [dai] 명 염료 동 염색하다
She *dyes* her hair a different color for every week.
그녀는 매주 다른 색으로 머리를 염색한다.

0396 earthquake [ə́ːrθkwèik] 명 지진, 대변동
Earthquakes are frequent in Japan.
일본에서는 지진이 자주 일어난다.

0397 eccentric [ikséntrik] 형 별난, 괴벽스러운 명 별난 사람
He has some *eccentric* habits.
그에게 약간 별난 습관이 있다.

0398 eclipse [iklíps] 명 (해, 달의) 식(蝕), 빛의 상실 동 어둡게 하다

solar(lunar) *eclipse*
일(월)식

0399 edge [eʤ] 명 가장자리, 끝, 날 동 날카롭게 하다
We live at the *edge* of the town.
우리는 그 도시 변두리에 살고 있다.

0400 edition [idíʃən] 명 판(版), 간행, 한 책
edit[édit] 동 편집하다
editor[éditər] 명 편집자
The book reached its third *edition*.
그 책은 제3판을 찍었다.

0401 editorial [èditɔ́:riəl] 명 사설 형 편집의
My father unfolded the newspaper to read the *editorial* article.
아빠는 사설을 읽기 위해 신문을 펼쳤다.

0402 efficient [ifíʃənt] 형 효과적인, 능률적인, 유능한
efficiency[ifíʃənsi] 명 능력, 능률
Monkeys are *efficient* climber.
원숭이는 기어오르는 데 능숙하다.

0403 elaborate [ilǽbərət] 형 정교한, 공들인 동 애써 만들다
She had prepared a very *elaborate* meal.
그녀는 매우 공을 들여 식사를 준비했다.

0404~0416 **32nd Day**

(　월　　　일)

0404 elegant [éligənt] 형 우아한, 품위 있는
elegance, -cy[éligəns, -si] 명 우아, 고상
She is an *elegant* and accomplished woman.
그녀는 우아하고 교양있는 여자이다.

0405 element [éləmənt] 명 요소, 성분, 원소, 초보
elementary[èləméntəri] 형 기본이 되는, 초보의
※elementary school 초등학교
Kindness is an *element* of love.
친절은 사랑의 한 구성요소이다.

0406 eliminate [ilímənèit] 동 제거하다
elimination[ilìmənéʃən] 명 제거, 배제
He was *eliminated* in the first round of voting.
그는 일차투표에서 탈락했다.

0407 eloquent [éləkwənt] 형 웅변의, 설득력 있는
eloquence[éləkwəns] 명 웅변, 설득력
Eyes are more *eloquent* than lips.
눈은 입보다 더 능변(能辯)이다. (속담)
(표정이 말보다 더 많은 감정을 표현한다.)

0408 elude [ilúːd] 동 몸을 피하다, 벗어나다, 회피하다
elusion[ilúːʒən] 명 도피, 회피
Animals have many ways of *eluding* enemies.
동물들은 적을 피하는 여러 가지 방법을 가지고 있다.

0409 embark [imbáːk] 동 (배, 비행기에) 태우다, 승선하다, 착수하다
I *embarked* on the train for Busan.
나는 부산행 열차를 탔다.

0410 embarrass [imbǽrəs] 동 당황하다, 쩔쩔매다
embarrassment[imbǽrəsmənt] 명 난처, 당황
His bad manners *embarrassed* her.
그의 버릇없는 태도에 그녀는 당황했다.

0410 embrace [imbréis] 동 포옹하다, 기꺼이 받아들이다 명 포옹
embracement[imbréismənt] 명 포옹, 수락
Koreans prepare to *embrace* a multicultural society.
한국 사람들은 다문화 사회를 받아들일 준비가 되어있다.

0412 eminent [éminənt] 형 저명한, 뛰어난
eminence[éminəns] 명 탁월, 저명
He is *eminent* for his oriental paintings.
그는 동양화에 탁월하다.

0413 emit [imít] 동 (소리 등을) 내다, 방사하다, 토로하다, 발행하다
Plants absorb carbon and *emit* oxygen.
식물들은 탄소를 흡수하고 산소를 내뿜는다.

0414 emotion [imóuʃən] 명 감동, 감격
emotional[imóuʃənəl] 형 감정적인, 감동적인
Man is essentially a creature of *emotion*.
사람은 본질적으로 감정의 동물이다.

0415 emperor [émpərər] 명 황제, 제왕
※empress[émpris] 명 황후
The people all bowed down before the *Emperor*.
모든 백성들이 황제 앞에 엎드려 절을 했다.

0416 emphasis [émfəsis] 명 강조, 중요성
emphasize[émfəsàiz] 동 강조하다, 역설하다
My English teacher puts great *emphasis* in grammar.
우리 영어 선생님은 문법을 크게 강조하신다.

0417~0429 33rd Day

(월   일)

0417 empire [émpaiər] 몡 제국, 왕국
With Heaven's aid I have conquered a huge *empire*, but my life was too short to achieve the conquest of the world.
(Genghis Khan)
하늘의 도움으로 거대한 제국을 정복하였지만, 세계의 정복을 달성하기에는 내 생이 너무 짧았다.
(징기스칸)

0418 enchant [intʃænt] 동 매혹하다, 황홀케 하다, 요술을 걸다
I was *enchanted* with the music.
나는 그 음악에 매료되었다.

0419 encounter [inkáuntər] 동 우연히 만나다
Today I *encountered* an old friend.
오늘 나는 옛 친구를 우연히 만났다.

0420 encyclop(a)edia [insàikləpíːdiə] 몡 백과사전
Heo Jun was the author of the *Donguibogam*, a medical *encyclopedia*.
허준은 의학 백과사전인 동의보감의 저자였다.

0421 endeavor, -our [indévər] 몡 노력 동 노력하다
We must constantly *endeavor* if we are to succeed.
성공하려면 끊임없이 노력해야 한다.

0422 endow [indáu] 동 ~에게 주다, 기부하다, 타고난 재능이 있다
endowment [indáumənt] 몡 기부, 기증
She is *endowed* with musical talent.
그녀는 천부적으로 음악적 재능이 있다.

0423 enforce [infɔ́ːs] 동 실시하다, 시행하다

enforcement[infɔ́ːsmənt] 명 시행, 집행
The speed limit must be rigidly *enforced*.
속도 제한은 엄격하게 지켜져야 한다.

0424 engrave [ingréiv] 동 새기다, 조각하다, 명심하다
She had the jeweler *engrave* her name on the back of the watch.
그녀는 보석상에게 그녀의 이름을 시계 뒷면에 새기게 했다.

0425 enlarge [inláːʤ] 동 크게 하다, 확장하다
enlargement[inláːʤmənt] 명 확대, 확장
We've decided to *enlarges* the company.
우리는 회사를 확장하기로 결정했다.

0426 enlighten [inláitn] 동 계몽하다, 빛나게 하다, 설명하다
Their eyes were *enlightened* by the love of God.
하느님의 사랑으로 그들의 눈이 열렸다.

0427 enrich [inrítʃ] 동 풍부하게 하다, 부자되게 하다
Commerce *enriches* a nation.
무역은 나라를 부유하게 만든다.

0428 ensure [inʃúər] 동 책임지다, 보증하다, 안전하게 하다
I cannot *ensure* that he will keep his word.
나는 그가 약속을 지킬지 보증할 수 없다.

0429 entertain [èntərtéin] 동 즐겁게 하다, 대접하다
entertainment[èntərtéinmənt] 명 환대, 오락, 연예
The movie will *entertain* you very much.
그 영화는 매우 재미있을 것이다.

0430~0442 34th Day

(월   일)

0430 enthusiasm [inθjúːziæzm] 몡 열광, 감격
enthusiastic, -tical[inθjùːziǽstik(əl)] 혱 열렬한, 열광적인
He shows marked *enthusiasm* for his studies.
그는 그의 연구에 대단한 열정을 보여주고 있다.

0431 entitle [intáitl] 동 ~의 칭호를 주다, 권리(자격)를 주다
This ticket *entitles* you to free drinks.
이 표가 있으면 무료로 음료를 마실 수 있습니다.

0432 epidemic [èpədémik] 혱 유행성의, 전염성의 몡 유행병
An *epidemic* influenza swept the school.
유행성 감기가 삽시간에 학교에 만연되었다.

0433 epilog(ue) [épəlɔ̀g] 몡 후기(後記), 끝말
※prolog(ue)[prəlɔ́ːg] 몡 서언(序言), 머리말, 전조, 발단
If you want to know about the book, read the *epilogue* first.
그 책에 대해 알고 싶다면, 먼저 후기를 읽어보세요.

0434 epoch [épɔk] 몡 신기원, 중요한 사건
The treaty ushered in an *epoch* of peace and good will.
그 조약은 평화와 친선의 신기원을 만들어냈다.

0435 equator [íkweitər] 몡 적도
Singapore is almost on the *equator*.
싱가포르는 거의 적도상에 있다.

0436 equip [ikwíp] 동 갖추다, 설비하다
equipment[ikwípmənt] 몡 장비, 설비, 비품
He was *equipped* with full dress.
그는 정장을 하고 있었다.

0437 equivalent [ikwívələnt] 형 동등한, 같은, 상당한
equivalence, -cy[ikwívələns(i)] 명 같음, 등가(等價), 같은 양
His silence is *equivalent* to an admission of guilty.
그가 침묵하는 것은 죄를 인정하는 것이나 다름없다.

0438 erase [iréis] 동 지우다, 삭제하다, 없애다
eraser[iréisər] 명 지우개, 지우는 사람
Erase my name from the record.
그 기록에서 내 이름을 지워주세요.

0439 erect [irékt] 형 똑바로 선, 경직된 동 세우다, 조립하다, 창설하다
erection[rékʃən] 명 직립, 기립, 건설
A man always looks more confident when he's *erect*.
사람은 곧게 서 있을 때 더 당당해 보인다.

0440 erode [iróud] 동 침식하다, 부식하다, 좀먹다
Constant worry *erodes* the nerves.
쉴새 없이 걱정만 하고 있으면 신경쇠약에 걸린다.

0441 erupt [irʌ́pt] 동 분출하다, (화산이) 폭발하다
eruption[irʌ́pʃən] 명 폭발, 분화, 분출
Some volcanoes *erupt* explosively.
화산 중에는 폭발적으로 분출하는 것도 있다.

0442 etc. [etsétərə] 명 (et cetra. 약어) 기타, 등등
Remember to take some paper, a pen, *etc.*.
잊지 말고 종이, 펜 등을 가지고 가거라.

0443~0455 35th Day

(월   일)

0443 eternal [itə́ːrnəl] 형 영원한, 끝없는
eternity[itə́ːrnəti] 명 영원
They vowed *eternal* friendship.
그들은 영원한 우정을 맹세했다.

0444 ethnic [éθnik] 형 인종의, 민족의
We are one *ethnic* race speaking one language.
우리는 한 언어를 사용하는 단일 민족이다.

0445 evade [ivéid] 동 피하다, 면하다
evasion[ivéiʒən] 명 회피, 기피
He braved difficulties instead of *evading* them.
그는 어려움을 피하지 않고 용감하게 맞섰다.

0446 evaporate [ivǽpərèit] 동 증발하다, 사라지다
evaporation[ivæ̀pəréiʃən] 명 증발, 소실
When it is very humid, our sweat does not *evaporate* as easily.
습도가 매우 높으면 땀은 쉽게 증발하지 않는다.

0447 everlasting [èvərlǽstiŋ] 형 영원한, 불후의, 끝없는
He is plagued by *everlasting* attack of influenza.
그는 계속되는 유행성 감기로 고생하고 있다.

0448 evidence [évədəns] 명 증거, 흔적
evident[évədənt] 형 분명한, 명백한
evidently[évədəntli] 부 분명히
Is there any *evidence* of this?
이것에 대한 무슨 증거가 있는가?

0449 evoke [ivóuk] 동 불러일으키다, 일깨우다, 환기하다
His comment *evoked* protests from the shocked listeners.

그의 설명을 들은 사람들은 충격을 받고 항의하기 시작했다.

0450 exceedingly [iksíːdiŋli] 튀 대단히, 굉장히
It is *exceedingly* kind of you to come on that date.
그날 오신다고 하니 더없이 기쁘게 생각합니다.

0451 excess [iksés] 명 초과, 지나침
excessive[iksésiv] 형 과도한, 지나친
No one shall drink alcohol to *excess*.
누구도 과음해서는 안 된다.

0452 exclude [ikskúːd] 동 들어오지 못하게 하다, 배척하다
exclusive[ikskúːsiv] 형 배타적인, 독점적인
Twenty boys attended the party, *excluding* myself.
나를 제외한 20명의 소년들이 그 파티에 참석했다.

0453 excursion [ikskə́ːrʃən] 명 소풍, 짧은 여행
After a brief *excursion* into drama, he concentrated on poetry.
그는 잠깐 드라마로 외도한 후에 시에 집중했다.

0454 execute [éksəkjùːt] 동 실행하다, 집행하다, 처형하다
execution[èksəkjúːʃən] 명 실행, 집행
executive[igzékjutiv] 형 집행의, 집행권을 갖는 명 행정관, 간부
Louis ⅩⅥ and his wife Marie Antoinette were *executed* in 1793.
루이 16세와 왕비 마리 앙투아네트는 1793년에 처형되었다.

0455 exempt [igzémpt] 동 면제하다 형 면제된
exemption[igzémpʃən] 명 면제
He was *exempted* from military service.
그는 군 복무를 면제받았다.

0456~0468 36th Day

(월   일)

0456 exert [igzə́:rt] 동 발휘하다, 노력하다
exertion[igzə́:rʃən] 명 노력, 분발
He *exerted* himself to finish the work.
그는 그 일을 끝내기 위해 노력했다.

0457 exile [éksail] 명 추방, 유배, 망명 동 추방하다
He was *exiled* from his country because of his part in the uprising.
그는 폭동에 간여해서 국외로 추방되었다.

0458 exotic [igzɔ́tik] 형 외래의, 이국적인, 낭만적인 명 외래 식물
India is a country known for its spices and *exotic* culture.
인도는 향신료와 이국적인 문화를 가진 나라로 잘 알려져 있다.

0459 expedition [ékspədíʃən] 명 탐험, 원정, 여행, 원정대
Science is always making *expeditions* into the unknown.
과학은 끊임없이 미지의 세계에 대한 탐험을 하고 있다.

0460 explicit [iksplísit] 형 명백한, 분명한, 노골적인
She wouldn't be more *explicit* about her husband.
그녀는 남편에 대해서 그 이상 더 밝히려 하지 않았다.

0461 explode [iksplóud] 동 폭발하다
explosion[iksplóuʒən] 명 폭발
Cherry trees have *exploded* into clouds of pink blossoms.
벚나무가 많은 분홍색 꽃을 터뜨렸다.

0462 exquisite [ekskwízit] 형 매우 아름다운, 절묘한, 예민한
Everybody was fascinated by his *exquisite* work.
모든 사람들이 그의 정교한 작품에 매료되었다.

0463 exterior [ekstíəriər] 혱 외부의, 대외적인 몡 외부
She has a pleasant *exterior*, but inside she is tormented.
그녀는 겉으로는 즐거운 것 같으나, 속으로는 괴로워하고 있다.

0464 external [ekstə́:rnl] 혱 외부의, 표면의, 대외적인
The paper was sent to *external* examiners.
그 논문은 외부 심사위원들에게 보내졌다.

0465 extinguish [ikstíŋgwiʃ] 동 (불을) 끄다, 소멸시키다, 압도하다
extinction[ikstíŋʃən] 몡 소화(消化), 사멸
Her beauty *extinguished* that of all other women.
그녀의 아름다움이 다른 여성 모두의 아름다움을 압도했다.

0466 extract [ikstǽkt] 동 뽑아내다, 추출하다, 발췌하다, 끌어내다, 얻다
extraction[ikstǽkʃən] 몡 추출, 발췌
extractive[ikstǽktiv] 혱 발췌한, 추출할 수 있는
The drug of malaria is quinine an *extract* from the bark of a tree.
말라리아약은 나무껍질에서 추출한 키니네다.

0467 extravagant [ikstrǽvəgənt] 혱 낭비하는, 지나친, 엄청난
extravagance, -cy[ikstrǽvəgəns(i)] 몡 사치, 낭비
She is too *extravagant* with her clothes.
그녀는 옷에 지나치게 돈을 많이 쓴다.

0468 fabric [fǽbrik] 몡 직물, 구조
A rug is a heavy *fabric* used to cover a floor.
양탄자는 마루에 까는 데 사용하는 두꺼운 직물이다.

0469~0481 37th Day

(월   일)

0469 facility [fəsíləti] 명 설비, 시설, 용이함, 솜씨, 재능
We should take precautions on *facilities* maintenance during rainy season.
우리는 장마철에는 시설물 관리에 유의해야 한다.

0470 faculty [fækəlti] 명 능력, 기능, (대학) 교수단
He has the *faculty* of understanding complex issues.
그는 복잡한 사안들을 이해하는 능력을 가지고 있다.

0471 fade [feid] 동 희미해 지다, 꺼져가다, 시들다
The sound *faded* away little by little.
소리가 점점 사라져 갔다.

0472 fair¹ [fɛə] 형 공정한, 꽤 많은, 살결이 흰
fairly[fɛ́əli] 부 공정하게, 꽤
All's *fair* in love and war.
전쟁과 사랑에는 모든 것이 공정하다. (속담)
(사랑과 전쟁은 수단을 가리지 않는다.)

0473 fair² [fɛə] 명 박람회, 품평회, 정기 시장 터
The book *fair* has taken place every year in Seoul.
도서 박람회가 매년 서울에서 개최된다.

0474 fairy [fɛ́əri] 명 요정, 선녀 형 요정의, 선녀 같은
※fairy tale(story) 동화
The *fairy* waved her wand and the table disappeared.
요정이 지팡이를 휘두르자 탁자가 사라졌다.

0475 familiar [fəmíljər] 형 친한, 잘 알고 있는
I am *familiar* with him.
나는 그와 친하다.

0476 famine [fǽmin] 명 기근, 대 부족, 굶주림
African countries suffered a severe *famine* last year.
작년에 아프리카 나라들은 심각한 기근을 겪었다.

0477 fancy [fǽnsi] 명 공상, 상상, 변덕 동 상상하다
She *fancies* herself to be beautiful.
그녀는 자신이 미인이라고 공상하고 있다.

0478 fare [fɛər] 명 운임, 승객, 음식 동 여행하다, 되어가다, 음식을 먹다
Children over the age of 12 must pay full *fare*.
12세 이상 어린이는 요금 전액을 내야 합니다.

0479 fate [feit] 명 운명, 죽음 동 운명 지우다
fatal[féitl] 형 치명적인, 운명의, 숙명적인
He was *fated* to die young.
그는 젊어서 죽을 운명이었다.

0480 fault [fɔ:lt] 명 결점, 과실
faulty[fɔ́:lti] 형 결점 있는
faultless[fɔ́:ltlis] 결점 없는
Faults are thick where love is thin.
사랑이 두텁지 못하면 결점이 크게 보인다. (속담)

0481 feast [fi:st] 명 축제, 연회 동 잔치를 베풀다
The wedding *feast* was held after the ceremony.
결혼식 다음에 결혼 피로연이 열렸다.

0482~0494 38th Day

(월   일)

0482 feather [féðər] 명 깃털
  Birds of a *feather* flock together.
  깃털이 같은 새들은 함께 모인다. (속담)
  (끼리끼리 모인다, 유유상종 類類相從.)

0483 feature [fíːtʃər] 명 얼굴, 얼굴 모양, 특징 동 특징 짓다
  Her eyes are her best *feature*.
  그녀는 눈이 가장 예쁘다.

0484 federal [fédərəl] 형 연합의, 동맹의, 연방제의
  He is a *federal* officer.
  그는 연방정부 직원이다.

0485 feeble [fíːbl] 형 허약한, 희미한
  He could not run fast because of his *feeble* body.
  그는 몸이 허약하여 빨리 달리지 못했다.

0486 feminine [fémənin] 형 여자의, 여자 같은
  As fluid hardens to solid, solid rushes to fluid, there is no wholly masculine man, no purely *feminine* woman.
  (Margaret Fuller, American feminist)
  액체가 고체로 되고, 고체가 액체로 되듯이, 전적으로 남성적인 남자도 없고 순수하게 여성적인 여자도 없다.
  (마가렛 풀러, 미국 여권주의자)

0487 fertile [fə́ːtail] 형 다산의, 비옥한
  fertilize [fə́ːtəlàiz] 동 비옥하게 하다
  The area is *fertile* in alpine plants.
  그 지역은 고산 식물이 많다.

0488 fertilizer [fə́ːtəlàizər] 명 비료, 거름

The farmer enriches the soil with *fertilizer*.
농부는 비료를 이용해서 흙을 비옥하게 한다.

0489 fetch [fetʃ] 동 가지고 오다, 데려오다, 나오게 하다
Fetch me my umbrella.
우산 좀 갖다 주게.

0490 fierce [fiərs] 형 사나운, 맹렬한
fiercely[fiərsli] 부 사납게, 맹렬하게
This move by the government has aroused *fierce* opposition.
이번 정부 조치는 강력한 반대를 불러일으켰다.

0491 fiery [fáiəri] 형 불의, 불같은
She has *fiery* temper
그녀의 성격이 불같다.

0492 figure [fígjər] 명 숫자, 계산, 모양, 인물
A tall *figure* stood there.
키가 큰 사람이 거기에 서 있었다.

0493 finance [fáinæns] 명 재정, 재무, 재원 동 ~에 자금을 주다
financial[fainǽnʃəl] 형 재정상의
The university is *financed* by the Government.
그 대학은 정부로부터 재정지원을 받고 있다.

0494 flame [fleim] 명 불꽃 동 타오르다
Her face *flamed* with shame.
부끄러워 그녀의 얼굴이 확 달아올랐다.

0495~0507 39th Day

(월   일)

0495 flatter [flǽtər] 동 아첨하다
flattery[flǽtəri] 명 아첨
If the tail of your mouth goes up, it means you *flatter* your boss.
입꼬리가 올라가면 당신이 상사에게 아첨한다는 것을 의미하죠.

0496 flavor, -vour [fléivər] 명 맛, 취향, 특색 동 맛을 내다
The ice cream has a vanilla *flavor*.
그 아이스크림은 바닐라 향이 있다.

0497 fleet [fliːt] 명 함대
Admiral Yi Sunsin, commanding his few *fleet,* succeeded in defeating the Japanese aggression.
이순신 장군은 몇 안 되는 함대를 거느리고 일본 침략을 저지하는 데 성공했다.

0498 flock [flɔ́k] 명 무리, 떼
A *flock* of sheep is running in the meadow.
양 떼가 초원에서 뛰놀고 있다.

0499 flourish [flʌ́riʃ] 동 번영하다 활약하다
These plants *flourish* in a damp climate.
이 식물들은 습한 기후에서 잘 자란다.

0500 fluent [flúːənt] 형 유창한, 부드러운, 유동하는
fluently[flúːəntli] 부 유창하게, 술술, 거침없이
He is *fluent* in three language.
그는 3개국어에 능통하다.

0501 fluid [flúːid] 명 유동체, 액체 형 유동성의
Political conditions are very *fluid* in North Korea.

취업시험
영어단어 베스트

이 남 정

청 출 람

취업시험 영어단어 베스트

초판 인쇄	2021년 3월 1일
초판 발행	2021년 3월 1일
지은이	이남정
펴낸이	이남정
펴낸곳	청출람
디자인	이수빈

출판등록 2008. 12. 28. 제22-3038호
주소   경기도 성남시 분당구 판교역로 240
         삼환 하이펙스 A동 308호(13493)
전화   0505-565-7788, 02-883-7331

이 책은 저작권법의 보호를 받는 저작물입니다.
잘못된 책은 사신 곳에서 바꾸어 드립니다.

북한의 정치적 상황이 매우 유동적이다.

0502 flutter [flʌtər] 동 펄럭이다, 가슴이 두근거리다
Leaves *fluttered* down.
나뭇잎들이 펄럭이며 떨어졌다.

0503 foe [fou] 명 적, 원수
The wise learn many things from their *foe*.
현명한 사람은 적으로부터 많은 것을 배운다.

0504 folk [fouk] 명 사람들, 가족 형 민속의
Folks say there wasn't much rain last summer.
사람들은 작년 여름에 비가 많이 오지 않았다고 말한다.

0505 folly [fɔ́li] 명 어리석음, 어리석은 행동
Folly grows without watering.
어리석음은 물을 주지 않아도 자란다. (속담)
(어리석음은 고치기 어려운 병이다.)

0506 force [fɔːs] 명 힘, 무력 동 강제하다
Poverty *forced* him into a crime.
가난 때문에 그는 범죄를 저질렀다.

0507 forefather [fɔ́ərfɑ̀ːðər] 명 조상, 선조
We should thank our *forefathers*.
조상에게 감사해야 한다.

0508~0520 **40th Day**

(월   일)

0508 forehead [fɔ́ərhèd] 명 이마
He has a round face with a high *forehead*.
그는 둥근 얼굴에 이마가 높다.

0509 foresee [fɔːsíː] 동 예견하다, 미리 알다
foresight[fɔ́ːsàit] 명 선견(지명), 깊은 생각, 가망
I *foresaw* that he would be able to do it.
그 사람이라면 그것을 해낼 수 있으리라 예상했다.

0510 forest [fɔ́rist] 명 숲, 산림 동 식목하다
Much of the country is covered with *forest*.
그 나라의 많은 부분이 숲으로 덮여있다.

0511 forgive [fərgív] 동 용서하다
Forgive me if I am wrong.
잘못이 있으면 용서하십시오.

0512 formula [fɔ́ːmjulə] 명 식, 공식, 방식
There is no special *formula* for a happy marriage.
행복한 결혼 생활을 위한 특별한 방법은 없다.

0513 fort [fɔːt] 명 성채, 보루, 요새
The rebels besieged the *fort*.
반란군들이 그 요새를 포위했다.

0514 forth [fɔːθ] 부 앞으로, 밖으로
April showers bring *forth* May flowers.
4월의 비는 5월의 꽃을 피게 한다.

0515 foul [faul] 형 더러운, 천한, 비열한 명 반칙, 파울 동 더럽히다
It was *foul* of him to betray her.

그가 그녀를 배신한 것은 비열했다.

0516 fountain [fáuntin] 몡 분수, 샘
※fountain pen 만년필
Throw some money in the *fountain* and make a wish.
분수에 돈을 던지고 소원을 비세요.

0517 fowl [faul] 몡 닭, 가금(家禽), 새
The man is neither fish nor *fowl*.
그 사람의 정체를 알 수 없다.

0518 fraction [fǽkʃən] 몡 파편, 분수(分數), 아주 조금, 소량
He has no *fraction* of conscience.
그는 양심이라고는 조금도 없다.

0519 fragment [frǽgmənt] 몡 파편 동 파편이 되다
I could catch *fragments* of their conversation.
나는 그들의 대화를 단편적으로 알아들을 수 있었다.

0520 fragrant [fréigrənt] 혱 향기로운, 유쾌한
Lemon juice adds a *fragrant* flavor to the tea.
레몬주스는 홍차에 향긋한 맛을 더해 준다.

요술병

One day Mickey answered the door and found a salesman standing with a strange object.
"What is that?" Mickey asked.
"It's a magic bottle. It keeps hot things hot and cold things cold," replied the salesman.
After some deliberation Mickey bought one.
The next day he arrived at the construction site where he worked.
All the other men were curious about his new object.
"Well," Mickey said in a bragging manner, "It keeps hot things hot and cold things cold."
"What have you got in it?"
"Three cups of hot coffee and a icecream," said Mickey>

어느 날 미키의 집에 이상한 물건을 가진 판매원이 찾아왔다.
"그게 뭐요?"라고 미키가 물었다.
"요술 병입니다. 뜨거운 물건은 뜨거운 상태로, 차가운 물건은 차가운 상태로 유지됩니다."
잠시 생각한 후 미키는 그것을 샀다.
다음 날 미키는 그가 일하는 건설 현장에 나갔다.
다들 그가 가져온 새 물건을 보고 신기하게 생각했다.
"자," 미키가 자랑하는 어투로 말했다. "이것은 뜨거운 물건은 뜨거운 상태로, 차가운 물건은 차가운 상태로 유지됩니다."
"그 속에 무엇이 들어있어?"
"뜨거운 커피 석 잔과 아이스크림 한 개가 들어있어."라고 미키가 말했다.

answer the door : (찾아온 손님을) 맞이하러 나오다
deliberation : 깊이 생각함, 신중
brag : 자랑하다, 허풍떨다

41st Day ~ 50th Day

IMF 시대의 아버지

0521~0533 **41st Day**

(월   일)

0521 frail [freil] 형 허약한, 노쇠한, 무른, 덧없는
My mother is too *frail* to live alone.
어머니는 너무 쇠약해서서 혼자 살기 힘들다.

0522 frankly [frǽkli] 부 솔직히, 숨김없이
frank[fræk] 형 솔직한
※frankly speaking 솔직히 말해서
He presented his arguments *frankly* and objectively.
그는 자기주장을 솔직하게 그리고 객관적으로 말했다.

0523 freight [freit] 명 화물 동 화물을 싣다
Air *freight* is becoming increasingly popular.
항공운송이 꾸준히 인기를 얻고 있다.

0524 frequent [fríːkwənt] 형 빈번한 동 자주 가다
frequency[fríːkwənsi] 명 자주 일어남, 빈번
frequently[fríːkwəntli] 부 자주, 종종
His drunkenness is much less *frequent* than it was.
그가 술 취해 있는 일이 이전보다 훨씬 줄어들고 있다.

0525 frog [frɔg] 명 개구리
The *frog* in the well knows nothing of the great ocean.
우물 안 개구리는 큰 바다에 대해 아무것도 모른다. (속담)

0526 frown [fraun] 동 눈살을 찌푸리다 명 찌푸린 얼굴
She *frowned* at me for laughing.
그녀는 내가 웃었다고 눈살을 찌푸렸다.

0527 function [fʌ́ŋkʃən] 명 기능, 직능, 의식, (수학) 함수
functional[fʌ́ŋkʃənəl] 형 기능의, 직무상의
The *function* of a policeman is to protect and assist the public.

경찰관의 기능은 일반 국민을 보호하고 돕는 일이다.

0528 funeral [fjú:nərəl] 명 장례식, 장례의
Convention prescribes that we wear black at a *funeral*.
관례로 우리는 장례식에 상복을 입는다.

0529 furthermore [fə́:rðərmɔ̀ər] 부 더욱더, 게다가, 그리고 또
Furthermore, I had to memorize whole text.
게다가 나는 그 교재 모두를 외워야만 했다.

0530 fury [fúəri] 명 격노, 격분
furious[fjúəriəs] 형 성난, 격노한, 맹렬한
He was beside himself with *fury*.
그는 몹시 화를 내어 제정신이 아니었다.

0531 fuss [fʌs] 명 소란, 안달 동 소란케 하다, 안달하다
fussy[fʌ́si] 형 야단법석하는, 성가신
They had a *fuss* about who should wash dishes.
그들은 누가 설거지를 할 것인가를 놓고 시끄럽게 했다.

0532 garbage [gá:bidʒ] 명 쓰레기, 찌꺼기
Don't forget to take out the *garbage*.
쓰레기 내다 놓는 거 잊지 마.

0533 garment [gá:mənt] 명 의복
This *garment* must be dry-cleaned only.
이 옷은 반드시 드라이클리닝 해야 한다.

0534~0546 **42nd Day**

(월   일)

0534 gaze [geiz] 동 응시하다, 지켜보다
We were *gazing* out to the moonlit lawn.
우리는 달빛이 비치는 잔디밭을 바라보고 있었다.

0535 gem [ʤem] 명 보석 동 보석으로 장식하다
His painting is the *gem* of the collection.
그의 그림은 수집품 중에서 일품이다.

0536 genuine [ʤénjuin] 형 진짜의, 순종의, 진품의, 진실한
Is the painting a *genuine* Picasso?
그 그림이 피카소가 그린 진품인가요?

0537 geography [ʤiɔ́grəfi] 명 지리학, 지리, 지형
Each country has its unique *geography* and climate.
각 나라는 그 나라만의 독특한 지리와 기후를 가지고 있다.

0538 geometry [ʤiɔ́mətri] 명 기하학
I failed algebra, *geometry* and calculus.
나는 대수학, 기하학, 미적분학 모두 낙제했어.

0539 ghost [goust] 명 유령
She turned pale as death as if she had seen a *ghost*.
그녀는 마치 유령을 보았던 것처럼 새파랗게 질렸다.

0540 glance [glæns] 명 흘긋 봄, 일견(一見) 동 흘긋 보다
I only had time to *glance* at the newspapers.
나는 신문을 대충 훑어볼 시간 밖에 없었다.

0541 glare [glɛər] 명 번쩍이는 빛, 현란함, 노려봄 동 빛나다, 노려 보다
She gave him a *glare* of hostility.
그녀는 적대감을 가지고 그를 노려보았다.

0542 glimpse [glimps] 명 흘끗 봄 동 흘끗 보다, 얼핏 보이다
I caught a *glimpse* of the falls as our train went by.
기차가 지나갈 때 언뜻 폭포를 보았다.

0543 gloom [glu:m] 명 어둠침침함, 우울
gloomy[glúːmi] 형 어두운, 침침한
War casts a *gloom* over the country.
전쟁이 그 나라 전체에 어두운 그림자를 드리웠다.

0544 glow [glou] 동 타다, 빛을 내다 명 빛, 밝기
He *glowed* with pride.
그는 득의양양해 있었다.

0545 gorgeous [gɔ́ərdʒəs] 형 호화로운, 찬란한
I had a *gorgeous* time at the party.
내가 참석한 파티는 아주 좋았다.

0546 gossip [gásip] 명 잡담, 한담, 험담
Girls *gossip* a lot more than boys.
여자는 남자보다 훨씬 수다스럽다.

0547~0559 **43rd Day**

(월   일)

0547 grant [grænt] 동 주다, 수여하다, 승낙하다 명 허가, 보조금
He is *granted* a pension.
그는 연금을 받고 있다.

0548 grasp [græsp] 동 붙잡다, 이해하다 명 붙잡음, 권력
Grasp all, lose all.
욕심부리면 다 잃는다. (속담)

0549 grasshopper [grǽshɔ̀pər] 명 베짱이, 메뚜기
The *grasshoppers* appeared and ate the rice.
메뚜기들이 나타나서 벼를 먹어 치웠다.

0550 gratify [grǽtəfài] 동 만족시키다, 기쁘게 하다
Beauty *gratifies* the eyes.
아름다움은 눈을 즐겁게 한다.

0551 gratitude [grǽtətjùːd] 명 감사
He accepted the offer with *gratitude*.
그는 감사하는 마음으로 그 제안을 받아들였다.

0552 grave¹ [greiv] 명 무덤, 죽음
The pyramids of Egypt are the *graves* for Egyptian kings.
이집트의 피라미드는 이집트 왕들의 무덤이다.

0553 grave² [greiv] 형 중대한, 엄한, 근심스러운
gravely[gréivli] 부 중대하게, 진지하게
The situation poses a *grave* threat of peace.
정세는 평화에 중대한 위협이 되고 있다.

0554 gravity [grǽvəti] 명 중력, 진지함, 중대함
He seemed to ignore the *gravity* of his illness.

그는 자기 병의 위중함을 무시하는 것 같았다.

0555 graze [greiz] 동 풀을 뜯어 먹다, 방목하다
Sheep is *grazing* in the pasture.
양들이 목초지에서 풀을 뜯어 먹고 있다.

0556 greedy [gríːdi] 형 욕심 많은, 탐욕스러운
greed[griːd] 명 탐욕, 큰 욕심
Greedy folks have long arms.
욕심 많은 사람은 팔이 길다. (속담)
(탐욕 있는 사람은 온갖 수단을 써서 원하는 것을 손에 넣으려 한다.)

0557 grin [grin] 동 히죽 웃다 명 씩 웃음
A *grin* spread across her face.
그녀의 얼굴에 미소가 번졌다.

0558 grind [graind] 동 가루로 만들다, 갈다
You have to *grind* the meat before making hamburgers.
햄버거를 만들기 전에 고기를 잘 갈아야 한다.

0559 groan [groun] 동 신음하다, 끙끙거리다
The desk *groans* under a big computer.
책상이 큰 컴퓨터 때문에 찌부러질 듯하다.

0560~0572 **44th Day**

(월   일)

0560 gross [grous] 〚형〛 거친, 천한, 뚱뚱한, 거대한, 총체의
Its *gross* area is about the size of three basketball courts.
전체 면적은 농구장 세 개 크기 정도이다.

0561 growl [graul] 〚동〛 으르렁거리다, 호통치다 〚명〛 으르렁거리는 소리
The dog *growled* at the stranger.
개가 낯선 사람에게 으르렁거렸다.

0562 grumble [grʌ́mbl] 〚동〛 투덜대다, 불평하다
They *grumbled* about the company's refusal to increase their pay.
그들은 임금인상을 거부한 회사에 대해 투덜거렸다.

0563 guilty [gílti] 〚형〛 유죄의, 떳떳지 못한
guilt[gilt] 〚명〛 죄, 유죄, 범죄행위
The police suspected that he might be *guilty*.
경찰은 그가 죄가 있을지 모른다고 의심했다.

0564 guy [gai] 〚명〛 사람, 놈, 녀석
Usually the *guy* wears a tuxedo and the girl wears a formal dress.
보통 남자는 턱시도를 입고 여자는 정장을 한다.

0565 habitation [hæ̀bətéiʃən] 〚명〛 거주, 거주지, 주소
habitat[hǽbitæ̀t] 〚명〛 서식 장소, 서식지, 자생지, 거주지
The barn is not fit for human *habitation*.
헛간은 사람 사는 곳으로는 적당하지 않다.

0566 hail¹ [heil] 〚명〛 싸락눈, 우박 〚동〛 우박이 내리다, 우박처럼 내리다
Arrows *hailed* down on the troops as they advanced.
진군하는 군대에 화살이 빗발치듯 날아왔다.

0567 hail² [heil] 〚동〛 큰 소리로 부르다, 환호하다 〚감〛 만세

The crowds *hailed* the conquerer.
군중들은 그 정복자를 향해 환호했다.

0568 halt [hɔːlt] 동 멈추다, 서다 명 정지, 휴식

The project *halted* because of the strike for higher wages.
그 계획은 임금인상을 요구하는 파업 때문에 중지되었다.

0569 hardship [háːdʃip] 명 고난, 곤경, 곤란

He suffers financial *hardship* after losing her job.
그는 직장을 잃고 난 후 재정적인 어려움을 겪고 있다.

0570 harsh [hɑːʃ] 형 거친, 귀에 거슬리는, 가혹한

The nation's public education system is once again under *harsh* criticism.
공교육 체계가 다시 한번 심한 비난을 받고 있다.

0571 hatch [hætʃ] 동 부화하다, (음모를) 꾀하다 명 부화

Don't count your chickens before they are *hatched*.
병아리 깨기도 전에 셈하지 마라. (속담)
(떡 줄 사람은 생각지도 하지 않는데 김칫국 먼저 마시지 마라.)

0572 haughty [hɔ́ːti] 형 오만한

Never be *haughty* to the humble, never be humble to the *haughty*.
겸손한 사람에게 오만하지 말고, 오만한 사람에게 겸손하지 마라. (격언)

0573~0585 **45th Day**

(월   일)

0573 haul [hɔ:l] 동 잡아당기다, 운반하다
The timber was *hauled* to a sawmill.
목재가 제재소로 운반되었다.

0574 haunt [hɔ́:nt] 동 (유령) 자주 나타나다, 자주 가다, 따라다니다
The old temple is said to be *haunted*.
그 오래된 절에 유령이 자주 나타난다고 한다.

0575 headquarters [hédkwɔ̀ərtərz] 명 본부, 사령부
Several companies have their *headquarters* in Seoul.
몇몇 회사가 서울에 본사를 두고 있다.

0576 heal [hi:l] 동 고치다, (병이) 낫다
Time *heals* all sorrows.
시간이 지나면 모든 슬픔이 사라진다.

0577 heap [hi:p] 명 더미, 무더기, 많음 동 쌓아 올리다
I have a *heap* of work to do.
할 일이 산더미같이 많다.

0578 heir [ɛə] 명 상속인
He is an *heir* to his father's fine brain.
그는 아버지의 우수한 두뇌를 물려받았다.

0579 herd [həːrd] 명 가축의 떼, 소 떼, 하층민 동 떼를 짓다
He is different from that *herd* of fools.
그는 저 바보들과는 다르다.

0580 hereafter [hìəræftər] 부 그 후에, 앞으로 명 장래
You must be careful *hereafter*.
앞으로 조심해라.

0581 hermit [hə́:rmit] 명 은둔자
There he lived as a penitent *hermit*.
거기에서 그는 참회하는 수도자로 살았다.

0582 hind [haind] 형 뒤쪽의, 후방의
All of the kangaroos have powerful *hind* legs.
모든 캥거루는 강력한 뒷다리를 가지고 있다.

0583 hinder [híndər] 동 방해하다, 저지하다
The storm *hindered* our progress.
폭풍이 우리의 전진을 방해했다.

0584 hitherto [hìðərtú:] 부 지금까지
The weather has *hitherto* been fine.
날씨가 지금까지는 좋다.

0585 hollow [hɔ́lou] 형 속이 빈, 오목한
The squirrel disappeared into a *hollow* at the base of the tree.
다람쥐가 나무 밑동에 난 구멍 속으로 사라졌다.

0586~0598 46th Day

(월   일)

0586 holy [hóuli] 혱 신성한, 경건한
This is a *holy* site, so please be silent.
이곳은 신성한 장소이니 정숙하십시오.

0587 horizon [həráizn] 몡 지평(수평)선, 범위, 시야
horizontal[hɔ̀rəzɔ́ntl] 혱 지평(수평)선의, 평면의
Science gives us a new *horizon*.
과학은 우리에게 새로운 시야를 제공해 준다.

0588 hospitality [hɔ̀spətǽləti] 몡 환대, 친절
hospitable[hɔ́spitəbl] 혱 대우가 좋은, 공손한
He showed boundless *hospitality* to me.
그는 나를 극진히 대우해 주었다.

0589 hostile [hɔ́stail] 혱 적의 있는, 반대의, 냉담한
hostility[hɔstíləti] 몡 적의(敵意), 적개심
The United States has *hostile* relations with some countries in the Middle East.
미국은 중동 몇 나라와 적대관계를 가지고 있다.

0590 howl [haul] 동 (개가) 짖다, 울부짖다
The wind *howls* through the trees.
바람이 나무 사이를 윙윙거리며 지나간다.

0591 humane [hjuméin] 혱 자비로운, 인도적인, 우아한
Animals raised for meat should be killed in a *humane* way.
고기를 목적으로 기른 동물들은 인간적인 방법으로 도축해야 한다.

0592 humble [hʌ́mbl] 혱 겸손한, 비천한
Life I love, and before death I am *humble*.
나는 인생을 사랑하며, 죽음 앞에서는 겸손하다.

0593 humid [hjú:mid] 형 습기 있는, 눅눅한
It is hot and *humid* in July.
7월은 무덥고 습기 차다.

0594 humility [hju:míləti] 명 겸손, 비하
Humility is the foundation of all virtues.
겸손은 모든 덕목의 기본이다. (속담)

0595 hymn [him] 명 찬송가 동 찬송하다, 찬송가를 부르다
They are singing a *hymn* in the church.
그들이 교회에서 찬송가를 부르고 있다.

0596 identical [aidéntikəl] 형 동일한, 똑같은
He replaced the broken dish with an *identical* one.
그는 동일(같은 종류)한 접시로 깨진 접시를 대체했다.

0597 illuminate [ilú:mənèit] 동 조명하다, 장식하다, 계몽하다
illumination[ilù:mənéiʃən] 명 조명, 계몽
Seoul was beginning to *illuminate* herself against the night.
서울의 밤이 빛나기 시작했다.

0598 illusion [ilú:ʒən] 명 환각, 환상, 착각
He thinks Heaven is an *illusion*.
그는 천국은 환상이라고 생각한다.

0599~0611 47th Day

(월   일)

0599 illustrate [íləstrèitl] 동 설명하다, 삽화를 넣다
illustration[iləstréiʃən] 명 실례(實例), 삽화
My professor used to *illustrate* definition with some sentences.
교수님은 몇몇 예문으로 정의를 설명하곤 했다.

0600 immense [iméns] 형 거대한, 막대한
His work has been an *immense* influence on science.
그의 업적은 과학 분야에 엄청난 영향을 미쳤다.

0601 immigrate [íməgrèit] 동 이주해 오다
immigration[iməgréiʃən] 명 이주해 옴, 입국
immigrant[íməgrənt] 명 이주자, 귀화식물 형 이주해 오는
He was granted permission to *immigrate* to America.
그는 미국 이민 허가를 받았다.

0602 impact [ímpækt] 명 충돌, 영향(력) 동 충돌하다, 영향을 주다
The President's speech *impacted* on the audience.
대통령 연설이 청중들에게 깊은 감명을 주었다.

0603 impatient [impéiʃənt] 형 성급한, 참을성 없는, 몹시 ~하고 싶은
impatience[impéiʃəns] 명 성급함, 조급, 조바심
Our government is too *impatient* to wait to see effective result.
우리 정부는 너무 참을성이 없어 효과적인 결과를 볼 때까지 기다리지 못한다.

0604 imperial [impíəriəl] 형 제국의, 황제의
His *Imperial* Highness.
전하(황족에 대한 존칭)

0605 impolite [ìmpəláit] 형 버릇없는, 무례한
It is *impolite* of you to interrupt the conversation of grown-ups.

어른들의 이야기에 말참견하는 것은 버릇없는 행동이다.

0606 impress [imprés] 동 감명을 주다, 감동시키다
impression[impréʃən] 명 인상, 감동
impressive[imprésiv] 형 인상에 남는, 감동을 주는
The scene was strongly *impressed* on me.
그 장면이 나에게 강렬한 인상을 남겼다.

0607 impulse [ímpʌls] 명 추진, 충격 동 충격을 주다
It is an *impulse* buy.
그것은 충동구매한 물건이다.

0608 inadequate [inǽdikwət] 형 부적당한, 불충분한
His income is *inadequate* to support his family.
그의 수입으로는 그의 가족을 부양하기에 불충분하다.

0609 incapable [imkéipəbl] 형 할 수 없는, 불가능한
He is *incapable* of telling a lie.
그는 거짓말을 하지 못한다.

0610 incline [inkáin] 동 기울다, 경사지다, (마음이) 내키게 하다
inclination[ìnklənéiʃən] 명 경향, 기울어짐, 좋아함
The news *inclined* him to anger.
그 소식을 듣고 그는 화를 냈다.

0611 inconvenience [ìnkənvíːnjəns] 명 불편 동 불편하게 하다
inconvenient[ìnkənvíːnjənt] 형 불편한
I apologize for the *inconvenience*.
불편하게 해서 사과드립니다.

0612~0624 **48th Day**

(월   일)

0612 incorporate [inkɔ́ːpərèit] 동 통합하다, 법인으로 만들다
incorporation[inkɔ̀ːpəréiʃən] 명 혼합, 합동
The company *incorporated* with another.
그 회사는 다른 회사와 합병했다.

0613 increasingly [inkríːsiŋli] 부 점점, 더욱더, 증가하여
It has become *increasingly* difficult to find work.
취직하기가 점점 더 어려워지고 있다.

0614 incur [inkɔ́ːr] 동 초래하다, (좋지 않은 일에) 빠지다
Have I done anything to *incur* your displeasure?
제가 당신을 불쾌하게 했습니까?

0615 indefinite [indéfənət] 형 명확하지 않은, 일정하지 않은
She was *indefinite* about joining us for lunch.
그녀가 우리와 점심을 함께 할지는 분명하지 않습니다.

0616 independence [ìndipéndəns] 명 독립
independent[ìndipéndənt] 형 독립한, 독립심이 강한
The country gained its *independence* ten years ago.
그 나라는 10년 전에 독립했다.

0617 indispensable [ìndispénsəbl] 형 없어서는 안 되는, 긴요한
The information is *indispensable* to computer users.
그 정보는 컴퓨터 이용자에게는 절대 필요한 것이다.

0618 induce [indjúːs] 동 권유하다, 야기하다, 유발하다
inducement[indjúːsmənt] 명 유인, 자극, 동기
Nothing shall *induce* me to go.
어떠한 권유가 있더라도 나는 가지 않을 것이다.

0619 inevitable [inévətəbl] 형 피할 수 없는, 불가피한

The car accident was the *inevitable* outcome of carelessness.
그 교통사고는 부주의에 의한 필연적 결과였다.

0620 infinite [ínfinit] 형 무한한, 막대한, 부정형의
God's *infinite* mercy
하느님의 무한한 은총

0621 inflame [infléim] 동 불태우다, 흥분하다
The setting sun *inflames* the sky.
지는 해가 하늘을 붉게 물들이고 있다.

0622 inflate [infléit] 동 부풀게 하다
inflation[infléiʃən] 명 팽창, 인플레이션, 통화팽창
A mechanic *inflated* the car's tires.
기사가 자동차 타이어에 공기를 넣었다.

0623 inflict [inflíkt] 동 (상처를) 주다, 가하다
He *inflicted* blow on me.
그는 나에게 일격을 가했다.

0624 influence [ínfluəns] 명 영향, 세력 동 영향을 끼치다
influential[ìnfluénʃəl] 형 영향력 있는, 유력한
He was a great *influence* on me.
그는 나에게 큰 영향을 주었다.

0625~0637 49th Day

(월   일)

0625 inhabit [inhǽbit] 동 ~에 살다, 거주하다
inhabitant[inhǽbitənt] 명 주민, 거주자
Countless bad bacterias *inhabit* our mouth.
무수하게 많은 해로운 박테리아가 우리 입안에 살고 있다.

0626 inherent [inhíərənt] 형 타고난, 고유의, 본래부터의
The problem you mention is *inherent* in the system.
당신이 언급한 내용은 시스템 고유의 문제이다.

0627 inherit [inhérit] 동 상속하다, 물려받다
inheritance[inhéritəns] 명 상속
He *inherited* a large fortune from his father.
그는 아버지로부터 많은 재산을 상속받았다.

0628 initiative [iníʃətiv] 명 시작, 주도권, 독창력 형 처음의
An American *initiative* was anticipated.
미국이 주도권을 잡을 것으로 예상되었다.

0629 innocence, -cency [ínəsəns(i)] 명 무죄, 결백, 순결
innocent[ínəsənt] 형 결백한, 순진한
The prisoner proved his *innocence*.
그 죄수는 무죄임을 증명했다.

0630 insignificant [ìnsignífikənt] 형 무의미한, 사소한
Although anything you do may be *insignificant*, but it is very important that you do it. (Mahatma Gandhi)
비록 당신이 하는 일이 사소할 수 있지만, 당신이 그것을 한다는 것은 매우 중요합니다. (간디)

0631 installment, -tal- [instɔ́ːlmənt] 명 분할, 할부
I will pay you back on the *installment*.

너에게 할부로 돈을 갚을거야.

0632 institute [ínstitjùːt] 동 세우다, 설립하다 명 학회, 연구소, 대학
institution[ìnstitjúːʃən] 명 협회, 단체, 건물, 학원, 설립
institutional[ìnstitjúːʃənəl] 형 협회의, 학회의, 단체의, 제도의
I studied mechanical engineering at the *institute*.
나는 그 연구소에서 기계공학을 공부했다.

0633 insure [inʃúər] 동 보증하다, 보험에 들다
insurance[inʃúərəns] 명 보험, 보험금
Care *insures* us against errors.
주의하면 실수는 하지 않게 된다.

0634 intelligent [intéləʤənt] 형 지적인, 총명한, 이해력 있는
intelligence[intéləʤəns] 명 지능, 지성, 이해력
She is far more *intelligent* than her sister.
그녀는 언니(동생)보다 훨씬 더 지적이다.

0635 intense [inténs] 형 강한, 격렬한
intensity[inténsəti] 명 강렬, 격렬, 강도
intensive[inténsiv] 형 강한, 철저한
He is *intense* in everything he does.
그는 하는 일 모두에 대해 열정적이다.

0636 internal [intə́ːrnl] 형 내부의, 정신적인
The committee was divided by *internal* conflicts.
위원회는 내부 갈등으로 분열되었다.

0637 intervene [ìntərvíːn] 동 끼어들다, 방해하다, 조정하다
intervention[ìntərvénʃən] 명 중재, 간섭, 개입
They were planning to get married and then the war *intervened*.
두 사람은 결혼할 계획이었는데 전쟁이 일어났다.

0638~0650 50th Day

(월   일)

0638 intimate¹ [íntəmət] 형 친밀한, 깊은, 심오한 명 친구
intimately[íntəmətli] 분 친밀하게, 밀접하게
He is one of my *intimate* friend
그는 나의 친한 친구 중의 한 사람이다.

0639 intimate² [íntəmèit] 동 암시하다, 넌지시 알리다
She *intimated* to me that she intended to marry him.
그녀는 그와 결혼할 의향이 있다고 은근히 말했다.

0640 invalid [ínvəlid] 형 병약한, 허약한, 효력 없는 명 환자
People with *invalid* papers are deported to another country.
효력이 없는 서류를 제출한 사람들이 다른 나라로 추방되었다.

0641 invariably [invέəriəbli] 분 변함없이, 늘
invariable[invέəriəbl] 형 불변의, 일정한
She was *invariably* kind to her younger friends.
그녀는 언제나 손 아래 친구들에게 친절했다.

0642 investigate [invéstəgèit] 동 조사하다, 연구하다
investigation[invèstəgéiʃən] 명 조사, 연구
The police *investigated* the cause of the accident.
경찰을 그 사건의 원인을 조사했다.

0643 invisible [invízəbl] 형 눈에 보이지 않은
Germs are *invisible* to the naked eyes.
세균은 육안으로는 안 보인다.

0644 irregular [irégjulər] 형 불규칙한, 고르지 못한
He is *irregular* in his attendance at the committee.
그는 위원회에 제대로 출석하지 않는다.

0645 irritate [írətèit] 동 초조하게 하다, 화나게 하다

irritation[ìrətéiʃən] 명 초조, 화나게 함, 자극
He was *irritated* by his son's long hair.
그는 아들 녀석의 장발에 화를 냈다.

0646 janitor [ʤǽnətər] 명 수위, 문지기, 관리인
He works as a *janitor* of the apartment building.
그는 그 아파트 수위로 일하고 있다.

0647 jaw [ʤɔː] 명 턱
The punch broke my *jaw*.
그 펀치에 내 턱이 부서졌다.

0648 Jew [ʤuː] 명 유대인
Jewish[ʤúːiʃ] 형 유대인의
Anne Frank was a *Jew* and she died at the age of 15.
안네 프랑크는 유대인이었고, 열다섯 살 때 생을 마감했다.

0649 jug [ʤʌg] 명 물 주전자, 물병, 큰 맥주잔
He is taking milk from a *jug*.
그는 주전자로 우유를 따르고 있다.

0650 knave [neiv] 명 악한, 무뢰한, 악당
This is the act of either an fool or a *knave*.
이것은 어리석은 자나 악당의 짓이다.

IMF 시대의 아버지

They were hard times and everybody was struggling to raise his family.
For George it had been a particularly rough day at the office and he was trying to rest a bit before dinner.
But his son was bent on asking question after question.
After numerous other queries, the youngster finally asked, "Daddy, what do you do all day at the office?"
"Nothing!" shouted the exasperated father.
"Then, how can you tell when you're through, Daddy?" was the next question.

어려운 시기를 맞아 모든 사람들이 가족을 먹여 살리기 위해 엄청나게 고생하고 있었다.
조지는 그날따라 사무실에서 유달리 힘든 하루를 보내고 저녁 식사 전에 잠시 쉬려고 하는 참이었다.
그러나 아들이 이것저것을 계속해서 물어보고 있었다.
여러 가지 다른 질문을 계속한 후, 아들이 급기야 "아빠, 사무실에서 하루 내내 뭐해?" 하고 물었다.
"아무것도 안 해." 하며 아버지는 분통이 터져 버럭 소리를 질렀다.
"그럼, 아빠 일이 끝났다는 것을 어떻게 알아?"라며 아이의 질문은 계속되었다.

be bent on doing : ~을 결심하고 있다, ~에 열중하고 있다
numerous : 다수의, 많은
query : 질문, 질문하다
exasperate : 화나게 하다, 불쾌하게 하다

51st Day ~ 60th Day

과학적 증명

0651~0663 51st Day

(　월　　　일)

0651 knee [niː] 몡 무릎
kneel[niːl] 동 무릎을 꿇다
He would spend an hour on his *knee* every night praying.
그는 밤마다 한 시간씩 무릎을 꿇고 기도하곤 했다.

0652 knot [nɔt] 몡 매듭, 무리, 혹 동 (끈을) 매다
This *knot* is too tight for me to untie.
이 매듭은 너무 단단해서 나로서는 풀 수가 없다.

0653 labor, -bour [léibər] 몡 노동, 수고 동 일하다, 애쓰다
laborer[léibərər] 몡 노동자
Let us *labor* for a better future.
보다 나은 미래를 위해 노력하자.

0654 lad [læd] 몡 젊은 이, 소년
He is a handsome young *lad*, scarcely eighteen, fresh as a rose.
그는 홍안(紅顔)의 겨우 18세의 멋진 소년이다.

0655 lamb [læm] 몡 새끼 양, 순진한 사람
You may as well be hanged for a sheep as a *lamb*.
교수형에 처할 바에야 새끼 양보다 어미 양 훔치는 것이 낫다. (속담)
(이왕 할 바에야 큰일을 하라.)

0656 lame [leim] 형 절름발이의, 불구의
He is *lame* in one leg.
그는 한쪽 다리를 절고 있다.

0657 lament [ləmént] 동 슬퍼하다, 애도하다 몡 비탄, 한탄
The elegy is a lyric that is usually a formal *lament* for someone's death.
앨레지(비가, 悲歌)는 보통 누군가의 죽음을 격식을 갖추어 애도하는 서정시다.

0658 landlord [lǽndlɔ̀:d] 몡 주인, 집주인, 지주(地主)
※landlady[lǽndlèidi] 몡 안주인, 여자 집주인
The *landlord* was willing to accept us as tenant.
집주인이 우리를 세입자로 기꺼이 받아 주었다.

0659 landscape [lǽndskèip] 몡 경치, 풍경, 전망 동 미화하다
The beauty of the *landscape* overwhelmed me.
그 풍경의 아름다움이 나를 압도했다.

0660 lantern [lǽntərn] 몡 등, 손전등, 초롱
The *lantern* receded and disappeared in the dark at last.
등불이 점점 멀어지다가 마침내 어둠 속으로 사라졌다.

0661 lark [lɑːk] 몡 종달새
If the sky fall, we shall catch *larks*.
하늘이 무너지면 종달새를 잡을 수 있겠지. (속담)
(수고하지 않고 소득을 기대하지 마라.)

0662 latitude [lǽtətjùːd] 몡 위도, 범위
The *latitude* of the region is 20 degrees north.
그 지방의 위도는 북위 20도이다.

0663 launch [lɔːntʃ] 동 진수(進水)하다, 내보내다
The *launch* of the space shuttle was a great success.
우주 왕복선의 발사는 대성공이었다.

0664~0676 52nd Day

(월   일)

0664 lawn [lɔːn] 명 잔디, 잔디밭
Keep off the *lawn*.
잔디밭에 들어가지 마세요(출입금지 안내문).

0665 leak [liːk] 동 (물이) 새다, (비밀) 누설되다 명 새는 구멍, 누설
The radiation *leak* has had a disastrous effect on the environment.
방사능 누출은 환경에 치명적인 영향을 미친다.

0666 lean¹ [liːn] 동 기대다, 의지하다, 기울다
The tower *leans* to the south.
탑이 남쪽으로 기울어져 있다.

0667 lean² [liːn] 형 야윈, 마른, 결핍된
Lean liberty is better than fat slavery. (John Ray)
야윈 자유가 살찐 노예보다 낫다. (존 레이)

0668 legislate [lédʒislèit] 동 법률을 제정하다
legislation[lèdʒiléiʃən] 명 법률제정, 입법
legislative[lédʒislèitiv] 형 입법상의, 입법부의
legislature[lédʒislèitʃər] 명 입법부
Morality cannot be *legislated*.
도덕은 법률로 만들어질 수 없다.

0669 length [leŋθ] 명 길이
lengthen[léŋθən] 동 길게 하다
This stick is five feet in *length*.
이 막대기는 길이가 5피트이다.

0670 lest [lest] 접 ~하지 않도록
Be careful *lest* you should fall from the tree.
나무에 떨어지지 않도록 조심해라.

0671 liable [láiəbl] 형 책임져야 할, 자칫하면 ~하는, ~할 것 같은
liability[làiəbíləti] 명 책임, 부담, 의무
He is *liable* to get angry.
그는 화를 자주 낸다.

0672 license, -cence [láisəns] 명 면허, 면허장 동 면허를 주다
The *license* can be renewed on expiry.
그 면허증은 만기가 되면 갱신할 수 있다.

0673 lid [lid] 명 뚜껑, 눈꺼풀
She got double eye *lid* and nose surgery.
그녀는 쌍꺼풀과 코 성형 수술을 받았다.

0674 likely [láikli] 형 있음직한, ~할 것 같은
likelihood[láiklihùd] 명 있음직함, 가능성
If you exercise too much, you're more *likely* to fatigue yourself than to strengthen your body.
너무 지나치게 운동하면 몸이 튼튼해지기보다 오히려 더 지치게 될 것이다.

0675 limb [lim] 명 수족, 손발, 큰 가지
The wind broke a whole *limb* from the tree.
바람으로 나무 큰 가지 하나가 통째로 부러졌다.

0676 liquid [líkwid] 명 액체 형 액체의
Mercury stays *liquid* at ordinary temperature.
수은은 상온에서 액체다.

0677~0689 53rd Day

(월   일)

0677 literal [lítərəl] 형 문자의, 글자 그대로의
literally[lítərəli] 부 글자 뜻대로, 정말로, 사실상
He deserves to be called a *literal* genius.
그는 문자 그대로 천재라고 불릴 만하다.

0678 literature [lítərətʃər] 명 문학, 문헌
literary[lítərəri] 형 문학의, 문학적인
She majored in English *literature* at Brown University.
그녀는 브라운 대학교에서 영문학을 전공했다.

0679 liver [lívər] 명 간(肝)
She is on a waiting list for a *liver* transplant.
그녀는 간 이식 수술 대기자 명단에 올려 있다.

0680 loan [loun] 명 대부, 대여 동 빌려주다
May I have the *loan* of your computer?
컴퓨터를 빌릴 수 있을까요?

0681 locate [lóukeit] 동 ~의 위치를 정하다, ~에 두다, 찾아내다
location[loukéiʃən] 명 위치, 위치 선정, 야외 촬영
Rescue plane is trying to *locate* the missing sailors.
구조에 나선 항공기가 실종 선원들의 위치 파악을 위해 애쓰고 있다.

0682 locomotive [lòukəmóutiv] 명 기관차 형 운동의, 이동의
The *locomotive* is pulling the train.
기관차가 기차를 끌고 있다.

0683 lodge [lɔdʒ] 동 숙박하다, 머무르다, 박히다
lodging[lɔ́dʒiŋ] 명 하숙, 숙박, 주소
He *lodged* at Mrs. Kim's during his school days.
그는 학생 시절에 김씨 부인의 집에 하숙하고 있었다.

0684 lofty [lɔ́fti] 형 높은, 고상한
A good teacher must have *lofty* ideals, solid knowledge, and a kind heart.
훌륭한 교사가 되기 위해서는 높은 이상, 확고한 지식, 친절한 마음을 가져야 한다.

0685 logic [lɑ́dʒik] 명 논리학, 논리
logical[lɑ́dʒikəl] 형 논리적인, 필연적인
Logic is not the science of belief.
논리학은 신앙을 다루는 과학이 아니다.

0686 lord [lɔːd] 명 주, 하느님, 임금, 군주, 우두머리
Even if the *lord* should not behave like a *lord*, his retainers should remain faithful to him.
비록 임금이 임금답지 못하더라도 신하는 신하의 도리를 지켜야 한다.

0687 loyal [lɔ́iəl] 형 충성스러운, 성실한 명 충신
loyalty[lɔ́iəlti] 명 충성, 성실
Soldiers were *loyal* to their own country.
군인들은 그들의 나라에 충성을 다했다.

0688 lumber [lʌ́mbər] 명 재목, 잡동사니 동 벌채하다
We *lumbered* more than a million acres last year.
우리는 지난해 백만 에이커 이상을 벌목했다.

0689 luminous [lúːmənəs] 형 빛나는, 반짝이는, 선명한
They painted the door a *luminous* green.
그들은 문을 선명한 녹색으로 페인트칠했다.

0690~0702 **54th Day**

(　월　　일)

0690 lurk [ləːrk] 동 숨다, 잠복하다
There was a sting *lurking* in his joke.
그의 농담 속에는 가시가 숨어 있었다.

0691 lyric [lírik] 명 서정시 형 서정시의
Pure and musical expression is one of the grand beauties of *lyric* poetry.
순수하고 음악적인 표현은 서정시의 대단한 아름다움 중의 하나다.

0692 magnet [mǽgnit] 명 자석, 사람 마음을 끄는 사람(물건)
The same poles of *magnets* push away from each other.
자석의 같은 극은 서로 밀어낸다.

0693 magnificent [mægnífəsənt] 형 장엄한, 당당한, 훌륭한
magnificence[mægnífəsəns] 명 장엄, 호화
The reason why the Kyeongju city is crowded with many people all year round is because of the *magnificent* temples.
경주시에 일 년 내내 사람들로 복적이는 이유는 대단한 절 때문이다.

0694 magnify [mǽgnəfài] 동 확대하다, 과장하다
This microscope *magnifies* an object 500 times.
이 현미경은 물체를 500배로 확대한다.

0695 maintain [meintéin] 동 계속하다, 유지하다, 부양하다, 주장하다
maintenance[méintənəns] 명 지속, 유지, 보존, 부양, 생계
I want to *maintain* my friendship with her.
나는 그녀와 우정을 계속 유지하고 싶다.

0696 majesty [mǽdʒəsti] 명 위엄, (M-)폐하, 왕족
majestic, -cal[mədʒéstik(əl)] 형 위엄있는, 장엄한
The *majesties* of Europe attended the royal wedding.

유럽 왕족들이 그 왕의 결혼식에 참석했다.

0697 malice [mǽlis] 몡 악의, 적의, 원한
I have no *malice* for what you did.
네가 한 일에 대해 악의를 품고 있지 않다.

0698 manhood [mǽnhùd] 몡 인성(人性), 남자다움, 성년, 남자들
He showed his *manhood* during the war.
그는 전쟁 중에 남자다움을 보여주었다.

0699 manifest [mǽnəfèst] 혱 명백한 동 명백히 하다
The consequences of war were nowhere so *manifest* as in Germany.
독일만큼 전쟁의 결과가 그렇게 역력하게 나타난 곳은 없었다.

0700 manufacture [mæ̀njufǽktʃər] 동 제조하다 몡 제조, 제품
manufacturer[mæ̀njufǽktʃərər] 몡 제조업자
Soda is used in the *manufacture* of soap and glassware.
소다는 비누와 유리제품 제조에 사용된다.

0701 manuscript [mǽnjuskrìpt] 몡 원고, 사본 혱 원고의, 손으로 쓴
The *manuscript* of 'Fur Elise' was found in 1865, nearly 40 years after Beethoven's death.
'엘리제를 위하여' 악보는 베토벤이 사망한 후 거의 40년이 지난 1865년에 발견되었다.

0702 margin [mɑ́ːʤin] 몡 가장자리, 변두리, (능력의) 한계, 판매수익
His house stands on the *margin* of the river.
그의 집은 강가에 있다.

0703~0715 55th Day

(월   일)

0703 masculine [mǽskjulin] 형 남자의, 남자다운
He is very powerful and *masculine*.
그는 대단히 힘이 세고 남자답다.

0704 masterpiece [mǽːstərpìːs] 명 걸작, 명작
The work was acclaimed as a *masterpiece*.
그 작품은 걸작으로 칭송받았다.

0705 material [mətíəriəl] 명 재료, 요소 형 물질의, 중요한
Stone is a durable *material*.
돌은 내구재이다.

0706 mathematics [mæ̀θəmǽtiks] 명 수학, 수리
mathematical [mæ̀θəmǽtikəl] 형 수학의, 수리적인
mathematician [mæ̀θəmətíʃən] 명 수학자
Mathematics is the queen of the sciences.
(Carl Friedrich Gauss, German mathematician)
수학은 과학의 여왕이다.
(가우스, 독일 수학자)

0707 maximum [mǽksəməm] 명 최고점, 극한 형 최고의
He increased the speed of the car to the *maximum*.
그는 차의 속도를 최고로 올렸다.

0708 meadow [médou] 명 초원, 목초지
Hundreds of cows are grazing in the *meadow*.
수백 마리의 소들이 초원에서 풀을 뜯고 있다.

0709 meantime [míːntàim] 명 그동안 부 그 사이에, 한편으로는
※=meanwhile [míːnhwàil] 부 한편으로는
※for the meantime 당장에는, 당분간

Some of them began to read books, in the *meantime* the rest were just talking with one another.
몇몇 사람들은 책을 읽기 시작했지만, 나머지 사람들은 서로 이야기하고 있었다.

0710 measure [méʒər] 동 ~을 재다, 측량하다 명 치수, 분량
measurement[méʒərmənt] 명 측량, 측정, 치수, 크기
Her sacrifices *measured* the degree of her love.
그녀가 치른 희생을 보면 그녀의 사랑의 정도를 알 수 있었다.

0711 medieval, -diaeval [mìːdiíːvəl] 형 중세의
It is a perfect example of a *medieval* castle.
이것은 중세 시대 성의 완벽한 본보기다.

0712 meditate [médətèit] 동 깊이 생각하다, 명상하다, 계획하다
meditation[mèdətéiʃən] 명 명상, 심사숙고, 묵상
A woman was *meditating* in temple every day.
부인 한 사람이 매일 절에서 명상을 하고 있었다.

0713 melt [melt] 명 용해, 용해물 동 녹다, 용해하다, 감동시키다
One of the main reasons for the *melting* of icebergs is global warning.
빙산이 녹는 주요 이유 중의 하나는 지구 온난화이다.

0714 merchandise [mə́ːrtʃəndàiz] 명 상품, 제품 동 매매하다
No returns are allowed on a bargain sale *merchandises*.
염가 판매 상품은 반품이 안 됩니다.

0715 mercury [mə́ːrkjuri] 명 수은, (M-)수성
Mercury is the closest planet to the sun.
수성은 태양에 가장 가까운 행성이다

0716~0728 56th Day

(월 일)

0716 mercy [mə́:rsi] 몡 자비, 용서, 은혜
merciful[mə́:rsifəl] 혱 자비로운, 인정 많은
※ for mercy's sake 제발, 부디
He that has no charity deserves no *mercy*.
남에게 베풀지 않으면 남의 은혜를 받을 자격이 없다. (속담)

0717 merge [mə:rʤ] 동 합병하다, ~으로 바뀌다
The big firm *merged* two smaller firms.
그 큰 회사는 두 개의 작은 회사를 합병했다.

0718 metropolis [mitrɔ́pəlis] 몡 수도, 대도시, 중심지
metropolitan[mètrəpɔ́lətn] 혱 수도의, 대도시의 몡 대도시 주민
The entire *metropolis* of Seoul has a population of ten million people.
서울 전체 도시는 인구가 천만 명에 이른다.

0719 migrate [máigreit] 동 이주하다
migration[maigréiʃən] 몡 이주, 이동
The birds *migrate* southward in the winter.
그 새들은 겨울에는 남쪽으로 날아간다.

0720 military [mílətəri] 혱 군대의, 육군의 몡 군, 군대
His chief support comes from the *military*.
그를 지지하는 주요 세력은 군부이다.

0721 mimic [mímik] 혱 흉내 내는, 모방의 동 흉내 내다
Parrots are known to *mimic* people's voice and noises they hear.
앵무새는 자신이 들은 사람 음성과 소리를 흉내 내는 것으로 알려져 있다.

0722 mineral [mínərəl] 몡 광물, 무기질, 미네랄 혱 광물의

People come here from all over the world to bath in the warm and *mineral*-rich waters.
사람들이 따뜻하고 광물이 풍부한 물에서 목욕하기 위해 전 세계에서 이곳에 온다.

0723 mingle [míŋgl] 동 섞다, 혼합하다
The two rivers *mingle* their waters here.
두 강은 이곳에서 합류한다.

0724 minister [mínistər] 명 성직자, 목사, 장관
ministry[mínistri] 명 내각, (M-) 부(部), 성(省)
He is the *Minister* of Foreign Affairs
그는 외무 장관이다.

0725 miser [máizər] 명 구두쇠
The *miser* is always poor.
구두쇠는 언제나 가난하다. (속담)

0726 miserable [mízərəbl] 형 불쌍한, 비참한, 불행한
Hunger and cold made them *miserable*.
배고픔과 추위가 그들을 비참하게 만들었다.

0727 misery [mízəri] 명 고통, 비참함, 불행
Misery loves company.
불행한 사람은 다른 불행한 사람을 찾는다. (속담)
(어려운 사람끼리 동정하고 도움, 동병상련 同病相憐)

0728 mist [mist] 명 안개, 흐림 동 안개가 끼다
The sun has dispelled the *mist* on the hill.
태양이 언덕 위의 안개를 흩어지게 했다.

0729~0741 57th Day

(월   일)

0729 moan [moun] 몡 신음, 슬퍼함, 불평 동 신음하다
We are never happy unless we have something to *moan* about.
불평할 것이 없다면 우리는 결코 행복한 것이 아니다.

0730 mob [mɔb] 몡 폭도, 군중
The angry *mob* rushed to the city hall.
성난 군중이 시청으로 달려갔다.

0731 moderate [mɔ́dəreit] 혱 온건한, 알맞은 동 알맞도록 하다
Be *moderate* in all things.
모든 일에 도를 지나치지 말라.

0732 modest [mɔ́dist] 혱 겸손한, 정숙한, 적당한
modesty[mɔ́disti] 몡 겸손, 정숙
He is *modest* about his achievements.
그는 자기의 업적을 자랑하지 않는다.

0733 modify [mɔ́difài] 동 변경하다, 수정하다, 수식하다
modifier[mɔ́difàiər] 몡 수정(변경)하는 사람(물건)
Patients were taught how to *modified* their diet.
환자들은 그들의 식습관을 바꾸는 방법을 배웠다.

0734 moist [mɔist] 혱 축축한, 습한
moisture[mɔ́istʃər] 몡 습기, 수증기
An earthworm lives in the *moist* soil.
지렁이는 축축한 흙 속에서 산다.

0735 mold, mould [mould] 몡 틀, 금형 동 본을 뜨다
Pour the mixture carefully into the *mold*.
혼합물을 틀에 조심스럽게 부어라.

0736 monarch [mɔ́nərk] 몡 군주, 주권자

The President is not the *Monarch*.
대통령은 군주가 아니다.

0737 **monk** [mʌŋk] 몡 수도사, 수도승, 수사(修士)
The cowl does not make the *monk*.
승복을 입었다고 스님이 되는 것은 아니다. (중국 속담)
(알맹이가 중요하다.)

0738 **monopoly** [mənɔ́pəli] 몡 전매, 독점
monopolize[mənɔ́pəlàiz] 동 독점하다, 전매권을 얻다
His company was granted a *monopoly* on the fur trade.
그의 회사는 모피 거래의 독점권을 얻어 냈다.

0739 **monotony** [mənɔ́təni] 몡 단조로움, 지루함
monotonous[mənɔ́tənəs] 혱 단조로운, 지루한
Monotony made me sleepy.
단조로움이 나를 졸리게 했다.

0740 **mortal** [mɔ́ːtl] 혱 죽을 운명의, 치명적인 튀 몹시, 대단히
We know that all men are *mortal*.
모든 인간은 죽음을 면할 수 없다는 것을 우리는 알고 있다.

0741 **moss** [mɔs] 몡 이끼 동 이끼로 덮다
A rolling stone gathers no *moss*.
구르는 돌에는 이끼가 끼지 않는다. (속담)
(한 가지 일에 집중하지 않으면 성공할 수 없다.)

0742~0754 **58th Day**

(월   일)

0742 mourn [mɔːn] 동 슬퍼하다, 한탄하다
mournful [mɔ́ːnfəl] 형 슬픔에 잠긴
mourning [mɔ́ːniŋ] 명 비탄, 애도, 상(喪)
She *mourned* over the death of her friend.
그녀는 친구의 죽음을 애도했다.

0743 multiply [mʌ́ltəplài] 동 증가하다, 늘다, 곱하다
Car sales *multiplied* as the highway was constructed.
고속도로가 건설됨에 따라 자동차 판매가 증가했다.

0744 multitude [mʌ́ltətjùːd] 명 다수, 군중
He recognized in himself a *multitude* of weaknesses.
그는 자신에게 많은 약점이 있음을 인정했다.

0745 municipal [mjunísəpəl] 형 시(市)의, 도시의, 국지적인
We are about to hospitalize him to the *municipal* hospital.
우리는 그를 시립 병원에 입원시킬 예정이다.

0746 mute [mjuːt] 형 무언의, 벙어리의 명 벙어리
The child sat *mute* in the corner of the room.
그 아이는 방의 구석에 말없이 앉아 있었다.

0747 mutter [mʌ́tər] 동 중얼거리다, 불평하다
Everyone *muttered* about the bad food.
모두가 음식이 나쁘다고 불평했다.

0748 myth [miθ] 명 신화, 꾸며낸 이야기, 비뚤어진 사회통념
The rationalization of his failure is pure *myth*.
그가 실패를 합리화하는 것은 순전히 꾸며낸 이야기이다.

0749 namely [néimli] 튀 즉, 바꾸어 말하면
Two boys were absent, *namely* Tom and Richard.
두 소년, 즉 톰과 리처드가 결석했다.

0750 nasty [nǽsti] 형 더러운, 불쾌한
It is *nasty* of her to say such things to your face.
그런 일을 너에게 대놓고 말하다니 그녀는 참 좋지 않은 사람이다.

0751 naughty [nɔ́:ti] 형 장난꾸러기의, 버릇없는
It is *naughty* of you to push your brother in to the pool.
동생을 수영장에 떠밀어 넣다니 너는 장난꾸러기구나.

0752 navigate [nǽvəgèit] 동 길을 찾다, 항해하다, (일을) 처리하다
navigation[næ̀vəgéiʃən] 명 항해, 항공
It turned out that beetles *navigate* by stars rather than the moon.
딱정벌레는 달빛보다 별빛을 보고 길을 찾는 것으로 알려져 있다.

0753 negotiate [nigóuʃièit] 동 협정하다, 교섭하다
negotiation[nigòuʃiéiʃən] 명 교섭, 협상
The government will not *negotiate* with terrorists.
정부는 테러범들과 협상하지 않을 것이다.

0754 nephew [névjuː] 명 조카
※niece[níːs] 명 조카 딸
He brought up his *nephew* as his son.
그는 조카를 아들처럼 키웠다.

0755~0767 59th Day

(월   일)

0755 neutral [njúːtrəl] 형 중립의, 공평한 명 중립국
neutralize[njúːtrəlàiz] 동 중립화하다, 무효로 하다
Journalists are supposed to be political *neutral*.
언론인은 정치적으로 중립이어야 한다.

0756 nickname [níknèim] 명 별명, 애칭 동 별명으로 부르다
Who gave you that *nickname*?
누가 너에게 그 별명을 붙였어?

0757 nightmare [náitmɛ̀ər] 명 악몽, 무서운 일
Chemistry was a *nightmare* for me at collage.
대학 시절에 화학은 엄청 어려운 과목이었다.

0758 noise [nɔiz] 명 소리, 소음 동 소문내다
noisy[nɔ́izi] 형 시끄러운, 떠들썩한
The greater the speed, the more gear *noise*.
속력을 내면 낼수록 기어 소리는 더 커진다.

0759 nominate [nɔ́mənèit] 동 지명하다, 임명하다
nomination[nɔ̀mənéiʃən] 명 지명, 임명
He was *nominated* for President.
그는 대통령 후보로 지명되었다.

0760 nonsense [nánsens] 명 무의미, 허튼 말 형 무의미한
You are talking complete *nonsense*.
너는 순전히 엉터리 말을 하고 있어.

0761 notable [nóutəbl] 형 주목할 만한, 유명한, 뛰어난
Korean cinema has established a *notable* place in the world.
우리나라 영화가 세계에서 주목받는 위치에 이르게 되었다.

0762 nothing [nʌ́θiŋ] 대 아무것(일)도 ~아님 명 무(無), 없음, 영(零)

Nothing great is easy.
위대한 일에는 쉬운 것이 없다. (속담)

0763 notion [nóuʃən] 명 관념, 개념, 생각, 이해력
She has no *notion* of what I mean.
그녀는 내 의도를 전혀 모르고 있다.

0764 notwithstanding [nàtwiðstǽdiŋ] 전 ~에도 불구하고
He is very active *notwithstanding* his age.
그는 나이에도 불구하고 매우 활동적이다.

0765 nourish [nʌ́riʃ] 동 자양분을 주다, 기르다, 영양분을 공급하다
nourishment[nʌ́riʃmənt] 명 자양물, 음식물
nourishing[nʌ́riʃiŋ] 형 자양이 되는
Children need plenty of fresh food to *nourish* them.
아이들에게 영양을 공급하기 위해 많은 신선한 음식이 필요하다.

0766 nuisance [njúːsəns] 명 폐, 성가심, 난처한 것
A human being must have occupation if he or she is not to become a *nuisance* to the world. (Dorothy L. Sayers, English novelist)
사람은 남자든 여자든 세상의 골칫거리가 되지 않기 위해서는 직업을 가져야 한다(도로시 세이어즈, 영국 소설가)

0767 nursery [nə́ːrsəri] 명 아이 방, 탁아소, 육아 실, 묘목장
The working couple leave their child at the *nursery* in a day.
그 맞벌이 부부는 낮에는 아이를 탁아소에 맡긴다.

0768~0780 **60th Day**

(월   일)

0768 nutrition [njutríʃən] 명 영양물, 음식
Milk, meat, and vegetables provide good *nutrition*.
우유, 고기 그리고 채소는 좋은 영양을 공급해 준다.

0769 oath [ouθ] 명 맹세
I took an *oath* to quit smoking.
나는 금연하겠다고 맹세했다.

0770 obscure [əbskjúər] 형 어두컴컴한, 분명치 않은, 눈에 띄지 않은
obscurity[əbskjúərəti] 명 어두컴컴함, 불명료
These explanations are rather *obscure*.
이러한 설명들은 다소 모호하다.

0771 obstacle [ɔ́bstəkl] 명 장애, 장애물
They overcame all the *obstacles* and their company was very successful.
그들은 모든 어려움을 극복했고, 그들의 회사는 크게 성공했다.

0772 occasion [əkéiʒən] 명 경우, 때, 기회, 특별한 일 동 생기게 하다
occasional[əkéiʒənəl] 형 이따금, 때때로의
occasionally[əkéiʒənəli] 부 때때로, 가끔
※on occasion 가끔, 때때로
On *occasion*, it is necessary for children to be disciplined when they misbehave.
이따금, 아이들이 잘못을 저지를 때 벌을 주는 것이 필요하다.

0773 occupy [ɔ́kjupài] 동 점령(점거)하다, 차지하다, 거주하다
occupation[ɔ̀kjupéiʃən] 명 직업, 점령, 거주, 취업
Is the bathroom *occupied*?
목욕실을 사용 중입니까?

0774 **odd** [ɔd] 형 홀수의, 남은, 우수리의, 한 짝의
One, three, and five are *odd* number.
1, 3, 5는 홀수다.

0775 **offend** [əfénd] 동 화나게 하다, 위반하다
offence, -ense[əféns] 명 위반, 화냄, 위법
offensive[əfénsiv] 형 불쾌한, 무례한, 공격적인
I was *offended* by his blunt speech.
나는 그의 무례한 말에 화가 났다.

0776 **operate** [ɔ́pərèit] 동 움직이다, 작용하다, 수술하다
operation[ɔ̀pəréiʃən] 명 작용, 실시, 수술
operator[ɔ́pərèitər] 명 조작자, 운전자, 기사
Books *operate* powerfully upon the soul for good or bad.
책은 좋건 나쁘건 마음에 강력한 영향을 끼친다.

0777 **opponent** [əpóunənt] 명 적(敵), 반대자, 경쟁자 형 반대하는
He is not an easy *opponent*.
그는 가벼운 상대가 아니다.

0778 **opportunity** [ɔ̀pərtjúːnəti] 명 기회, 행운
Opportunity seldom knocks twice.
좋은 기회는 두 번 오지 않는다. (속담)

0779 **oppose** [əpóuz] 동 반대하다, 대항하다
opposite[ɔ́pəzit] 형 정반대의, 마주 보고 있는
opposition[ɔ̀pəzíʃən] 명 반대, 적대
Never *oppose* violence to violence.
폭력에 폭력으로 대항하지 마라.

0780 **oppress** [əprés] 동 압박하다, 억압하다
oppression[əpréʃən] 명 압박, 억압
A sense of failure *oppressed* him.
좌절감이 그를 괴롭혔다.

과학적 증명

A scientist was doing research on frog.
He laid a frog on a table, slammed his hand on the table, then yelled, "Jump!"
The frog jumped.
Next, he removed one front leg, yelled, "Jump!" and again the frog jumped.
He removed another front leg and repeated the procedure.
This time the frog jumped with difficulty.
Finally, he removed the last two remaining legs, slammed his hand on the table, and yelled, "Jump!"
The poor frog remained still.
The scientist wrote down, "It is scientifically proven that when a frog's legs are removed, it goes deaf."

한 과학자가 개구리에 대한 연구를 하고 있었다.
개구리 한 마리를 탁자 위에 올려놓고는 테이블을 손으로 세게 치면서 "뛰어!"라고 고함을 질렀다.
개구리가 뛰었다.
다음 그는 앞다리 하나를 제거한 수 "뛰어!"라고 소리를 지르자 개구리가 다시 뛰었다.
그는 다른 앞 다리를 제거하고 그 과정을 반복했다.
이번에는 개구리가 힘겹게 뛰었다.
마지막으로 그는 남은 두 다리를 제거하고, 손으로 탁자를 내려치며 "뛰어!" 하고 고함을 질렀다.
그 불쌍한 개구리는 꼼짝하지 않았다.
그 과학자는 다음과 같이 기록했다. "개구리 다리가 모두 제거되면 귀머거리가 된다는 사실이 과학적으로 증명되었다."

slam : 탕 닫다, ~을 세게 치다
repeat the procedure : 그 과정을 반복하다

61st Day ~ 70th Day

거물 운전사

0781~0793 61st Day

(월 일)

0781 ore [ɔːr] 명 광석
This *ore* contains a quantity of gold.
이 광석은 다량의 금을 함유하고 있다.

0782 ornament [ɔ́ːrnəmənt] 명 꾸밈, 장식 동 꾸미다
ornamental[ɔ̀ːrnəméntl] 형 장식의, 장식용의
She *ornamented* the table with a bunch of flowers.
그녀는 한 다발의 꽃으로 테이블을 장식했다.

0783 orphan [ɔ́ːfən] 명 고아 형 부모가 없는 동 고아로 만들다(수동형)
An *orphan* is a child whose parents are dead or who has lost one parent.
고아란 양친이 사망했거나 부모 중의 한 사람을 잃은 아이를 말한다.

0784 outbreak [áutbrèik] 명 발발, 폭동
The *outbreak* of the epidemic has threatened the people in town.
유행병이 발생해 마을 사람들을 위협하고 있다.

0785 outcome [áutkʌm] 명 결과, 성과
We are anxiously awaiting the *outcome* of the discussion.
우리는 그 토론의 결과를 몹시 기다리고 있다.

0786 outer [áutər] 형 밖의, 외부의, 육체적인, 객관적인 명 중심권 외부
I heard a voice in the *outer* room.
나는 방 밖에서 나는 소리를 들었다.

0787 outfit [áutfit] 명 채비, 의상 한 벌 동 채비하다, 준비하다
He wore a complete cowboy *outfit*.
그는 완전한 카우보이 복장을 하고 있었다.

0788 outlet [áutlit] 명 출구, 배출구, 팔 곳, 대리점

Horse racing provides an *outlet* for the British love of gambling.
경마는 영국인의 노름 애호의 배출구가 되고 있다.

0789 **outline** [áutlàin] 명 윤곽, 약도 동 윤곽을 그리다.
He gave me a brief *outline* of what had occurred.
그는 사건의 개요를 나에게 간략하게 설명해 주었다.

0790 **outlook** [áutlùk] 명 조망, 경치, 예측
My house has a wonderful *outlook* on the sea spotted with green islands.
우리 집은 초록색 섬들이 점점이 떠 있는 바다를 바라볼 수 있는 멋진 전망을 가지고 있다.

0791 **output** [áutpùt] 명 생산, 생산물, 출력 동 출력하다
The computer can *output* the data in seconds.
그 컴퓨터는 몇 초 안에 데이터를 출력할 수 있다.

0792 **outrage** [áutrèidʒ] 명 불법, 무도, 난폭 동 폭행하다, 격분하다
outrageous[autréidʒəs] 형 난폭한, 무법의
It is an *outrage* against human dignity.
그것은 인간의 존엄성에 반하는 불법 행위다.

0793 **outstanding** [àutstǽndiŋ] 형 현저한, 눈에 띄는
He is *outstanding* in high school football.
그는 고등학교 축구에서 뛰어난 존재다.

0794~0806 62nd Day

(월   일)

0794 overflow [òuvərflóu] 동 넘치다, 범람하다
Stop pouring, or my glass is going to *overflowing*.
그만 부어라. 컵이 넘치겠다.

0795 overlap [òuvərlǽp] 동 겹치다, 덮다 명 중복, 부분적 일치
Your vacation *overlaps* with mine.
너의 휴가는 내 휴가와 겹친다.

0796 overtake [òuvərtéik] 동 따라잡다, 추월하다
He *overtook* them at the entrance.
그는 입구에서 그들을 따라잡았다.

0797 overwhelm [òuvərhwélm] 동 압도하다, 당황하게 하다
Roman troops was *overwhelmed* by barbarians.
로마 군대가 이교도들에게 괴멸되었다.

0798 owe [ou] 동 빚지고 있다, (은혜를) 입고 있다
You *owe* me exactly ten thousand won.
너는 내게 정확하게 만원 빚이 있어.

0799 oyster [ɔ́istər] 명 굴, 과묵한 사람
His mouth is as close as an *oyster*.
그는 과묵한 사람이다.

0800 paddle [pǽdl] 명 노 동 노를 젓다
No wind blew, so they *paddled* along the stream.
바람이 불지 않아, 그들은 강을 따라 노를 저어 나갔다.

0801 palm¹ [pɑːm] 명 손바닥 동 쓰다듬다
The golf club should be held by the fingers not the *palm*.
골프채는 손바닥이 아닌 손가락으로 잡아야 한다.

0802 **palm²** [pɑːm] 명 야자, 종려
A man is climbing a tall *palm* tree.
한 남자가 높은 야자나무에 올라가고 있다.

0803 **panic** [pǽnik] 명 공황, 공포, 당황 동 당황하다
There was a *panic* when the theater caught fire.
극장에 불이 나자 큰 혼란이 있었다.

0804 **paradox** [pǽrədɔ̀ksl] 명 역설
'More haste, less speed' is a well-known *paradox*.
'급할수록 천천히 가라.'는 말은 잘 알려진 역설이다.

0805 **paragraph** [pǽrəgrӕf] 명 단락, 항(項) 동 단락으로 나누다
The offending *paragraph* was deleted.
불쾌감을 줄 수 있는 단락은 삭제되었다.

0806 **parallel** [pǽrəlèl] 형 평행의 명 평행선 동 평행시키다
Nobody *parallels* him in swimming.
수영에서 누구도 그와 필적할 사람은 없다.

0807~0819 **63rd Day**

(월   일)

0807 paralyze, -se [pǽrəlràiz] 동 마비시키다, 불능케 하다
The general strike *paralyzed* the whole country.
총파업으로 전국이 마비되었다.

0808 paraphrase [pǽrəfrèiz] 동 바꾸어 쓰다(말하다) 명 바꿔쓰기
A prose cannot be *paraphrased* in poem.
산문은 시로 고쳐 쓸 수 없다.

0809 parasite [pǽrəsàit] 명 기생충
He is like a *parasite* who sponges on his parents even at the age of 50.
그는 나이 쉰 살인데도 부모에게 얹혀사는 기생충과 같은 사람이다.

0810 parliament [pá:rləmənt] 명 의회, 국회
a Member of *Parliament*
하원 의원

0811 parrot [pǽrət] 명 앵무새 동 흉내 내다
A *parrot* talks but it can't fly very high.
앵무새는 사람의 목소리를 흉내 내지만 매우 높이 날지 못한다.

0812 partial [pá:ʃəl] 형 일부분의, 불공평한
partially[pá:ʃəli] 부 부분적으로, 불공평하게
The umpire was *partial* to the home team.
심판이 홈 팀을 편들고 있었다.

0813 particle [pá:tikl] 명 미립자, 극소량
There is not a *particle* of supporting evidence.
유리한 증거는 하나도 없다.

0814 paste [peist] 명 반죽, 풀 동 풀칠하다

He *pasted* two sheets of paper together
그는 두 장의 종이를 풀칠하여 붙였다.

0815 pasture [pá:stʃər] 명 목장, 목초지 동 풀을 먹다
Mongolians constantly move to new areas in search of *pasture*.
몽골 사람들은 목초지를 찾아서 끊임없이 새로운 지역으로 이동한다.

0816 pat [pæt] 동 가볍게 두드리다
Mother *patted* her baby's cheek.
엄마가 갓난아기의 볼을 가볍게 토닥거렸다.

0817 patent [péitənt] 명 특허(권) 동 특허를 얻다
The law protects inventors or authors by *patent*.
법률은 특허권에 의해 발명가나 작가를 보호하고 있다.

0818 patron [péitrən] 명 후원자, 보호자, 고객
I am not rich enough to be a *patron*.
나는 후원자가 될 만큼 부자가 아니다.

0819 pave [peiv] 동 (길을) 포장하다 명 포장길
pavement[péivmənt] 명 포장도로
The road to hell is *paved* with good intention.
지옥으로 이르는 길은 선의로 포장되어 있다. (속담)
(선의인 척하지만, 속내는 나쁜 의도가 있다.)

0820~0832 **64th Day**

(월 일)

0820 paw [pɔː] 명 (발톱 있는) 발 동 앞발로 할퀴다
Keep your *paws* off my property.
내 재산에 욕심내지 마라.

0821 peach [piːtʃ] 명 복숭아 형 복숭아 빛의
He picked out the ripest *peach* for me.
그는 내게 가장 잘 익은 복숭아를 골라 주었다.

0822 peasant [péznt] 명 농부, 시골뜨기
He is happy, be he king or *peasant*, who finds peace in his home.
왕이든 농부이든 가정이 평화로운 사람은 행복하다. (독일 속담)

0823 peck [pek] 동 부리로 쪼다
A hen is *pecking* the grain.
암탉이 곡식을 쪼아먹고 있다.

0824 peculiar [pikjúːljər] 형 독특한, 고유의, 기묘한 명 사유재산, 특권
Every society has its own *peculiar* customs.
모든 사회에는 고유한 관습이 있다.

0825 peel [piːl] 명 껍질 동 껍질을 벗기다
The children *peeled* off their clothes and jumped into the water.
아이들이 옷을 벗고 물속으로 뛰어들어갔다.

0816 peep [piːp] 동 엿보다
He *peeped* at her through the fence.
그는 울타리 사이로 그녀를 엿보았다.

0827 peninsula [pinínsjulə] 명 반도
Our country is a *peninsula* state.
우리나라는 반도 국가다.

0828 pension [pénʃən] 명 연금, 장려금, 수당 동 연금을 주다
He lives on a retirement *pension*
그는 퇴직 연금으로 생활한다.

0829 per [pər] 전 ~에 의하여, ~에 따라서, ~마다
This cloth is two dollars *per* yard.
이 천은 1야드당 2달러이다.

0830 perceive [pərsíːv] 동 알다, 지각(知覺)하다, 이해하다
perception[pərsépʃən] 명 자각, 인식
Nobody *perceived* me entering the room.
누구도 내가 방에 들어가는 것을 알지 못했다.

0831 peril [pérəl] 명 위험 위난 동 위태롭게 하다
perilous[pérələs] 형 위험한, 모험적인
Liberty without learning is always in *peril*, learning without liberty is always in vain. (John F. Kennedy)
배움이 없는 자유는 언제나 위험하며, 자유 없이 배우는 것은 항상 헛될 뿐이다. (존 케네디)

0832 perpetual [pərpétʃuəl] 형 영구의, 영속하는
He was elected *perpetual* president.
그는 종신 회장에 선출되었다.

0833~0845 65th Day

(월   일)

0833 perplex [pərpléks] 동 당황케 하다, 난처하게 하다
perplexity[pərpléksəti] 명 당황, 혼란, 난처한 일
He was *perplexed* with the problem.
그는 그 문제로 당황했다.

0834 persevere [pə̀:rsəvíər] 동 참다, 노력하다, 꾸준하게 계속하다
perseverance[pə̀:rsəvíərəns] 명 인내
To *persevere* in sin is only to ruin soul and body.
계속해서 죄를 지으면 영혼과 육체가 파괴될 뿐이다.

0835 petition [pitíʃən] 명 청원, 탄원 동 청원하다, 진정하다
They *petitioned* that the king set the prisoner free.
그들은 왕에게 죄수를 석방해 달라고 청원했다.

0836 phase [feiz] 명 단계, 국면, 면(面), 현상 동 실행하다
We are entering a new *phase* in international relations.
우리는 국제관계에서 새로운 국면을 맞고 있다.

0837 philosophy [filɔ́səfi] 명 철학
philosopher[filɔ́səfər] 명 철학자
There are more things in heaven and earth, Horatio, than are dreamt of in your *philosophy*.
(William Shakespeare)
호레이쇼, 천지간에는 자네의 철학으로 상상 것보다 더 많은 일들이 있다네. (셰익스피어)

0838 physics [fíziks] 명 물리학
physical[fízikəl] 형 육체의, 물질의, 자연의, 물리학의
physicist[fízəsist] 명 물리학자
Marie Curie won the Nobel Prize in *Physics* in 1903.
마리 큐리는 1903년에 노벨 물리학상을 받았다.

0839 pierce [piərs] 동 찌르다, 관통하다, (구멍을) 뚫다
　　The arrow is so strong that it can even *piece* body armor.
　　그 화살은 아주 강해서 갑옷도 뚫을 수 있다.

0840 pigeon [pídʒən] 명 비둘기
　　Before the telephone or telegram was made, the fastest way to send any kind of news was by *pigeon*.
　　전화나 전보가 있기 전에는 소식을 전하는 가장 빠른 방법은 비둘기에 의한 것이었다.

0841 pilgrim [pílgrim] 명 순례자 동 순례 여행하다, 유랑하다
　　The *Pilgrims* immigrated to the New World from England in 1620.
　　청교도들은 1620년에 영국에서 신대륙으로 이주했다.

0842 pill [pil] 명 환약, 알약, 불쾌한 일 동 환약을 먹이다
　　The digital *pill* can text doctors from inside the body.
　　디지털 알약은 몸 안에서 의사에게 문자를 보낼 수 있다.

0843 pioneer [pàiəníər] 명 개척자, 선구자 동 개척하다
　　There is no doubt that he was the *pioneer* of Korean society.
　　그가 한국 사회에서 선구자였음은 의심의 여지가 없다.

0844 plague [pleig] 명 전염병 동 괴롭히다, 애태우다
　　Many people have caught the *plague*.
　　많은 사람들이 전염병에 걸렸다.

0845 planet [plǽnit] 명 행성
　　The *planet* can see with the naked eys.
　　그 행성은 육안으로도 볼 수 있다.

0846~0858 **66th Day**

(　월　　　일)

0846 plead [pliːd] 동 변론하다, 주장하다
His lawyer *pleaded* his inexperience.
그의 변호사는 그가 경험이 없었다는 점을 변호했다.

0847 pledge [pledʒ] 명 서약, 보증 동 서약하다
We all have to *pledge* allegiance to the flag.
우리 모두는 국기에 대한 충성을 맹세해야 한다.

0848 plot [plɔt] 명 음모, 줄거리 동 몰래 꾸미다
They planned a *plot* to assassinate the king.
그들은 왕을 암살할 음모를 계획했다.

0849 plow, plough [plau] 명 쟁기 동 경작하다, (밭을) 갈다
This soil is reluctant to *plow*.
이 땅은 경작하기에 맞지 않다.

0850 plum [plʌm] 명 서양 자두
We had plenty of bread with *plum* jam.
우리는 자두 잼이 곁들인 빵을 많이 먹었다.

0851 plunge [plʌndʒ] 동 찌르다, 급락하다, 담그다 명 돌입
He *plunged* his hands into his jacket pockets for the purse.
그는 지갑을 찾으려고 두 손을 저고리 호주머니에 넣었다.

0852 polish [pɔ́liʃ] 동 닦다, 윤을 내다, 윤이 나다 명 광택, 닦기, 세련
You should *polish* your style when you express your ideas in writing.
생각을 글로 표현할 때에는 문체를 잘 다듬어야 한다.

0853 politics [pɔ́lətiks] 명 정치, 정치학
political[pəlítikəl] 형 정치의, 정치상의

politician[pɔ̀lətíʃən] 명 정치가
Politics influences all aspect of our lives.
정치는 우리 생활의 모든 면에 영향을 미친다.

0854 poll [poul] 명 투표 동 투표하다
The final result of the *poll* will be known tomorrow.
최종 개표 결과는 내일 발표될 것이다.

0855 ponder [pɔ́ndər] 동 숙고하다, 곰곰 생각하다
He *pondered* long and deeply over the question.
그는 그 문제에 대해서 오랫동안 깊이 있게 생각했다.

0856 pop [pɑp] 동 뻥 소리나다, 폭발하다
The cork came out of the bottle with a loud *pop*.
코르크가 펑 하는 소리를 크게 내며 병에서 빠졌다.

0857 porch [pɔːtʃ] 명 현관
A woman is standing at the *porch*.
여자 한 사람이 현관에 서 있다.

0858 porter [pɔ́ːtər] 명 운반인, 짐꾼, 문지기, 수위
The hotel *porter* will get you a taxi.
호텔 수위가 택시를 잡아 줄 겁니다.

0859~0871 67th Day

(월   일)

0859 portion [pɔ́:ʃən] 명 몫, 일부 동 나누다, 분할하다
I read a *portion* of the manuscript.
나는 원고의 일부를 읽었다.

0860 portrait [pɔ́:treit] 명 초상(화)
portray[pɔ:tréi] 초상을 그리다, 묘사하다
She's the *portrait* of her mother.
그녀는 어머니를 꼭 닮았다.

0861 positive [pɔ́zətiv] 형 긍정적인, 적극적인, 명확한, 완전한
He is *positive* that he will win the contest.
그는 시합에서 이길 것이라고 확신하고 있다.

0862 potential [pəténʃəl] 형 잠재적인, 가능한 명 잠재력
Everyone is a *potential* suspect until proved otherwise.
그렇지 않다고 증명될 때까지는 모두가 용의자일 수 있다.

0863 pray [prei] 동 기원하다, 빌다, 간청하다
prayer[prɛər] 명 기도, 탄원, 기도하는 사람
She *prayed* God for forgiveness.
그녀는 신에게 용서를 빌었다.

0864 preach [pri:tʃ] 동 설교하다, 전도하다
If the beard were all, a goat might *preach*.
수염이 전부라면 염소가 설교할지도 모른다. (속담)
(외형만 보고 사람을 평가하지 마라.)

0865 precaution [prikɔ́:ʃən] 명 조심, 경계, 예방책
You should take special *precautions* to prevent fire.
화재 예방을 위해 특별히 조심해야 한다.

0866 precious [préʃəs] 혱 귀중한, 값비싼
preciously[préʃəsli] 튀 비싸게, 까다롭게
Her children are very *precious* to her.
아이들은 그녀에게 매우 소중하다.

0867 precise [prisáis] 혱 정확한, 정밀한
precisely[prisáisli] 튀 정확하게, 꼼꼼하게
precision[prisíʒən] 몡 정확, 정밀
He gave me clear and *precise* directions.
그는 나에게 분명하고 정확한 지시를 했다.

0868 predict [pridíkt] 동 예언하다, 예보하다
prediction[pridíkʃən] 몡 예언, 예보
He *predicted* when war would break out.
그는 전쟁이 언제 일어날지를 예언했다.

0869 pregnant [prégnənt] 혱 임신한
pregnancy[prégnənsi] 몡 임신
She is five month *pregnant*
임신 5개월이다.

0870 prejudice [prédʒudis] 몡 편견, 침해, 불리 동 편견을 갖다
The review had *prejudiced* me against the book.
그 서평으로 나는 그 책에 대해 좋지 않은 편견을 갖게 되었다.

0871 preliminary [prilímənəri] 혱 예비적인, 준비의 몡 준비
Shelf-knowledge is an essential *preliminary* to self-change.
자신을 안다는 것은 자기 변화를 위해 없어서는 안 될 첫걸음이다.

0872~0884 **68th Day**

(월 일)

0872 premier [prí:miər] 명 수상(首相), 국무총리 형 첫째의, 1등의
I saw a profile of new *premier* in the paper.
신문에서 새 수상의 프로필 기사를 보았다.

0873 preside [prizáid] 동 사회하다, 의장이 되다
Dr. Kim will *preside* the meeting tonight.
김 박사가 오늘 저녁 회의를 주관할 것이다.

0874 prestige [prestí:ʒ] 명 위신, 명성 형 명성이 있는
The university like Harvard or Brown have immense *prestige*.
하버드나 브라운 같은 대학은 명성이 높다.

0875 presume [prizú:m] 동 가정하다, 상상하다
presumption[prizʌ́mpʃən] 명 추정, 억측
I *presume* that you are right.
나는 당신이 옳다고 생각한다.

0876 prevail [privéil] 동 우세하다, 이기다, 보급되다, 유력하다
Coronavirus Disease-19 *prevails* throughout the country.
코로나바이러스가 전국적으로 유행하고 있다.

0877 previous [prí:viəs] 형 앞의, 이전의, 성급한
previously[prí:viəsli] 부 이전에, 미리
Did you test it *previous* to buy it?
그것을 사기 전에 시험해 보았나?

0878 prey [prei] 명 먹이, 희생 형 잡아먹다
I fell a *prey* to temptation.
나는 유혹에서 벗어나지 못했다.

0879 priest [pri:st] 명 성직자, 신부, 사제, 목사, 봉사자

Hate a *priest*, and you will hate his very hood.
신부가 미우면 신부의 예복도 밉다. (속담)
(며느리가 미우면 손자까지 밉다.)

0880 primitive [prímətiv] 혱 원시의, 야만의, 소박한
Many *primitive* tribes live in the Amazon river basin.
많은 원시 부족이 아마존강 유역에 살고 있다.

0881 prior [práiər] 혱 앞의, 이전의
priority[praiɔ́ːrəti] 명 먼저임, 우선, 상석, 우선권
A *prior* agreement prevents me from accepting your invitation.
선약이 있어 당신의 초청에 가지 못하겠습니다.

0882 prison [prízn] 명 교도소 동 투옥하다
prisoner[príznər] 명 죄수, 포로
He escaped from *prison* this morning.
그가 오늘 아침 탈옥했다.

0883 privilege [prívəliʤ] 명 특권 동 특권을 주다
Members of Parliament are *privileged* from arrest during the Diet session.
국회의원은 회기 중에는 체포되지 않는 특권이 주어져 있다.

0884 probability [prɔ̀bəbíləti] 명 있음직함, 가망, 확률
probable[prɔ́bəbl] 혱 있음 직한, ~할 듯한
There is no *probability* of his winning the game.
그가 그 경기에서 이길 가능성이 없다.

0885~0897 69th Day

(월   일)

0885 proclaim [prəkléim] 동 선언하다, 공포하다
proclamation[prɔ̀kləméiʃən] 명 선언, 선포, 성명서
His face *proclaimed* his sincerity.
얼굴을 보니 그가 성실하다는 것을 알 수 있었다.

0886 procure [prəkjúər] 동 획득하다, 조달하다
procurement[prəkjúərmənt] 명 획득, 조달
It was difficult to *procure* food.
음식 조달하기가 어려웠다.

0887 profess [prəfés] 동 분명히 말하다, 고백하다
profession[prəféʃən] 명 전문직업, 공언, 선언, 고백
professional[prəféʃənəl] 형 직업의, 전문의 명 지적 직업인, 직업선수
He *professed* that he had no taste for music.
그는 음악에 취미가 없다고 잘라 말했다.

0888 profound [prəfáund] 형 깊은, 심오한, 공손한
profoundly[prəfáundli] 부 깊이, 심오하게, 간절히
This is the finest and *profoundest* work of fiction.
이것은 소설로서 가장 훌륭하고 깊이 있는 작품이다.

0889 prohibit [prouhíbit] 동 금하다, 금지하다
prohibition[pròuhəbíʃən] 명 금지
Heavy rain *prohibited* my going out.
폭우 때문에 외출하지 못했다.

0890 prolong [prəlɔ́ːŋ] 동 늘리다, 길게 하다, 연기하다
The conversation naturally *prolonged* itself.
이야기가 자연히 길어졌다.

0891 prominent [prɔ́minənt] 형 두드러진, 현저한

prominence, -nency[prɔ́minəns(i)] 몡 두드러짐, 현저, 탁월
He is a *prominent* writer.
그는 대단한 작가이다.

0892 promote [prəmóut] 동 승진시키다, 장려하다
promotion[prəmóuʃən] 몡 승진, 촉진
We need to *promote* an open exchange of information.
우리는 공개적인 정보 교환을 장려할 필요가 있다.

0893 propaganda [prɔ̀pəgǽndə] 몡 선전, 선전단체
It will have a tremendous *propaganda* effect.
그것은 대단한 선전 효과가 있을 것이다.

0894 prophecy [prɔ́fəsi] 몡 예언
prophesy[prɔ́fəsài] 동 예언하다
prophet[prɔ́fit] 몡 예언자
His *prophecy* that war would break out came true.
전쟁이 일어나리라는 그의 예언이 들어맞았다.

0895 proportion [prəpɔ́ːʃən] 몡 비율, 비, 몫 동 균형 잡히게 하다
His head is very big in *proportion* to his body.
그의 머리는 몸집에 비해 매우 크다.

0896 prose [prouz] 몡 산문, 평범, 단조 형 산문의
She is a famous *prose* writer.
그녀는 유명한 산문 작가다.

0897 prospect [prɔ́spekt] 몡 전망, 예상 동 조사하다
prospective[prəspéktiv] 형 기대되는, 가망 있는
The church has a western *prospect*.
그 교회는 서향이다.

0898~0910 70th Day

(월   일)

0898 prosperity [prɔspérəti] 몡 번영, 성공, 행운
prosperous[prɔ́spərəs] 혱 번영하는, 부유한, 순조로운
The town has an air of *prosperity*.
그 도시는 번창하고 있는 것 같다.

0899 proverb [prɔ́vəːrb] 몡 속담, 격언, 금언, 교훈
I now knew the truth of the *proverb* that time is money.
시간은 돈이다 라는 속담의 진실을 이제야 알게 되었다.

0900 province [prɔ́vins] 몡 지방, 지역, 도(道), 주(州)
provincial[prəvínʃəl] 혱 지방의, 시골의 몡 지방인
My friend is on tour in the *provinces*.
내 친구는 여러 지방을 여행 중이다.

0901 provoke [prəvóuk] 동 화나게 하다, 일으키다, 도발하다
provocative[prəvɔ́kətiv] 혱 약 올리는, 화나게 하는
He was *provoked* out of patience.
그는 화가 나서 견딜 수 없었다.

0902 prudent [prúːdnt] 혱 신중한, 세심한, 분별 있는
prudence[prúːdns] 몡 신중, 세심, 검약
Be *prudent* in dealing with him.
그를 상대할 때에는 조심해라.

0903 psalm [sɑːm] 몡 찬송가 동 찬송가를 불러 축하하다
They are chanting a *psalm*.
그들은 찬송가를 부르고 있다.

0904 psychology [saikɔ́lədʒi] 몡 심리학, 심리(상태)
The professor is a specialist in criminal *psychology*.
그 교수는 범죄심리학 전문가이다.

0905 pulse [pʌls] 명 맥박 동 맥이 뛰다
His *pulse* is at a seventy.
그의 맥박은 (1분간에) 70이다.

0906 puncture [pʌ́ŋtʃər] 동 구멍을 내다, 못쓰게 되다 명 찌름
The driver asked to mend the *puncture*.
운전수는 펑크를 수리해 달라고 부탁했다.

0907 purple [pə́:rpl] 명 자줏빛 형 자줏빛의
His face was *purple* with rage.
몹시 화가 나서 그의 얼굴이 빨개졌다.

0908 pursue [pərsjú:] 동 뒤쫓다, 추적하다, 괴롭히다
pursuit[pərsjú:t] 명 추적, 추구, 속행
The hunter spent hours *pursuing* the wild boar.
사냥꾼은 멧돼지를 추적하느라 몇 시간을 보냈다.

0909 quarter [kwɔ́:tər] 명 4분의 1, 25센트 동 4등분 하다, 숙박하다
I'll call you back in a *quarter* of an hour.
15분 후에 전화하겠습니다.

0910 queer [kwiər] 형 기묘한, 이상한
There's something *queer* about this house.
이 집은 어딘지 이상한 데가 있다.

거물 운전사

The Pope was making a tour of the American East Coast. Having never driven a limo, he asked the chauffeur if he could drive for a while. So the chauffeur climbed in the back and the Pope took the wheel. He started accelerating to see what the limo could do and got to about 90 miles. The trooper following the limo with his motorcycle saw who it was and contacted his chief.
"I'm chasing a really important person and need to know what to do."
"The mayor again?" said the chief.
"No, more important."
"The governor, then? the chief said.
"No, more important." replied the trooper.
"Not the President, is it?"
"No, more important."
"Who the heck is it?" screamed the chief.
"I don't know but he's got the Pope as a chauffeur."

교황이 미국 동해안을 여행 중이었다. 리무진을 한 번도 운전해 본 적이 없었던 교황이 운전사에게 잠시 운전해 보자고 했다. 그래서 운전사가 뒷좌석에 타고 교황이 운전대를 잡았다. 교황이 리무진의 성능을 알아보기 위해 속력을 약 90마일로 올리기 시작했다. 모터사이클로 리무진을 뒤쫓아가던 기동경찰이 교황을 알아보고는 상관에게 보고했다.
"지금 진짜 귀빈을 쫓고 있는데 어떻게 해야 할지 모르겠습니다."
"또 시장인가"라고 상관이 말했다.
"아닙니다. 더 중요인물입니다."
"그럼, 주지사인가?"라고 상관이 말했다.
"아닙니다. 더 중요인물입니다."라고 기동경찰이 대답했다.
"대통령은 아니겠지. 그렇지?"
"아니요, 더 중요인물입니다."
"도대체 누구인가?" 상관이 고함을 질렀다.
"누구인지는 모르겠는데 교황을 운전사로 부리고 있는 사람입니다."

trooper : 기병, 기동 경찰대
who the heck …? : 도대체 누구인가?

71st Day ~ 80th Day

구두쇠

0911~0923 71st Day

(월   일)

0911 quest [kwest] 명 탐색, 탐구 동 찾다, 추구하다
Our life is a long and arduous *quest* after truth. (Mahatma Gandhi)
우리의 삶은 길고 고된 진리의 탐구과정이다. (마하트마 간디)

912 quiver [kwívər] 동 흔들리다, 떨다 명 떨림
Her voice was *quivering* with anger.
그녀의 목소리는 분노로 떨고 있었다.

0913 radiant [réidiənt] 형 빛나는, 찬란한, 눈부신
She was *radiant* with happiness.
그녀는 행복해 환한 표정을 지었다.

0914 radical [rǽdikəl] 형 근본적인, 과격한, 철저한 명 과격론자
They think Trump's ideas are too *radical*.
그들은 트럼프의 생각이 너무 급진적이라고 생각하고 있다.

0915 rally [rǽli] 명 대회, (정치, 종교) 집회, 자동차 경주 동 모이다
The police broke up a *rally* of 10,000 people yesterday.
경찰은 어제 10,000명이 참가한 집회를 해산시켰다.

0916 range [reindʒ] 동 정렬하다 명 열, 범위, 구역
The players *ranged* themselves in a row.
선수들은 한 줄로 정렬했다.

0917 ratio [réiʃou] 명 비(比), 비율
Th *ratio* of men and women was one and one.
남녀 비율은 1:1이었다.

0918 rational [rǽʃənəl] 형 이성이 있는, 이성적인
Man is a *rational* being.
인간은 이성적인 존재이다.

0919 **raw** [rɔː] 형 날것의, 가공되지 않은, 경험 없는
This fish is eaten *raw*.
이 생선은 회로 먹는다.

0920 **rear¹** [riər] 명 뒤, 배후
The trailer was attached to the *rear* of the truck.
트럭 뒤에 트레일러가 붙어있었다.

0921 **rear²** [riər] 동 기르다, 사육하다, 일으키다, 높이다
The male bird helps the female to *rear* the young.
수새는 암새가 새끼 기르는 일을 돕는다.

0922 **rebel** [rébəl] 명 반역자 형 반역의 동 반란을 일으키다
rebellion[ribéljən] 명 반란, 폭동
The *rebel* soldiers were forced to surrender.
반란군은 항복해야만 했다.

0923 **recess** [risés] 명 쉼, 휴식, (의회) 휴회, 휴업
Congress is now *recess*.
의회는 지금 휴회 중이다.

0924~0936 72nd Day

(월 일)

0924 recompense [rékəmpèns] 동 보답하다, 갚다 명 보답, 보상
Recompense injustice with justice and *recompense* kindness with kindness. (Confucius)
정의롭지 못한 일은 정의로 갚고, 친절은 친절로 갚아라. (공자)

0925 reconcile [rékənsàil] 동 화해시키다, 조정하다, 만족하다
He *reconciled* with his former enemy.
그는 옛날의 적과 화해했다.

0926 reconstruct [rìːkənstrʌ́kt] 동 재건하다, 개조하다
reconstruction[rìːkənstrʌ́kʃən] 명 재건, 부흥
reconstruct the Cabinet
개각하다

0927 reduce [ridjúːs] 동 축소하다, 낮추다, 진압하다
reduction[ridʌ́kʃən] 명 축소, 환원, 항복
Walking helps to *reduce* the risk of heart disease.
걷는 것이 심장질환의 위험을 줄이는 데 도움을 준다.

0928 reed [ríːd] 명 갈대
Man is but a *reed*, but he is a thinking *reed*.
(Blaise Pascal의 Pensées)
사람은 갈대에 지나지 않는다. 그러나 생각하는 갈대다.
(파스칼의 '명상'에서)

0929 refine [riːfáin] 동 정제하다, 세련되게 하다, 순수해지다
refinement[riːfáinmənt] 명 정제, 순화, 세련
Doctors say it is unhealthy to eat *refine* food such as white bread.
하얀 빵과 같은 정제된 음식은 건강에 좋지 않다고 의사들은 말한다.

0930 reform [riːfɔ́ːm] 동 개정하다, 수정하다

reformation[rèfərméiʃən] 명 개선, 개혁, 교정
The law is in urgent need of *reform*.
그 법률은 시급히 수정할 필요가 있다.

0931 **refrain** [rifréin] 동 그만두다, 삼가다, 참다
Please *refrain* from smoking.
흡연을 삼가해 주십시오.

0932 **refresh** [rifréʃ] 동 상쾌하게 하다, 새롭게 하다
refreshment[rifréʃmənt] 명 원기회복, 기분을 상쾌하게 함
I *refreshed* myself with a hot bath.
더운물에 목욕하고 나니 기분이 상쾌해졌다.

0933 **regarding** [rigá:diŋ] 전 ~에 관해서, ~의 점에서
Nothing has been decided yet *regarding* the matter.
그 문제에 대해 결정된 것은 아무것도 없다.

0934 **regardless** [rigá:dlis] 형 부주의한, 관심 없는
He carried out his plan *regardless* expense.
그는 비용에 개의치 않고 그의 계획을 실행했다.

0935 **register** [rédʒistər] 동 등록하다, 기록하다 명 등록, 등록부
registration[rèdʒistréiʃən] 명 등록, 기입
This class has a *register* of only 20 students.
이 학급에는 20명만 등록되어 있다.

0936 **reign** [rein] 명 통치, 지배 동 지배하다, 군림하다
The country was under the *reign* of the king for many years.
그 나라는 오랫동안 왕의 통치하에 있었다.

0937~0949 73rd Day

(월   일)

0937 reinforce [ri:infɔ́əs] 동 강화하다, 보강하다
reinforcement[ri:infɔ́əsmənt] 명 보강, 강화, 증원군
We need extra troops to *reinforce* the army.
군을 강화하기 위해 보충 부대가 필요하다.

0938 rejoice [ridʒɔ́is] 동 기뻐하다, 좋아하다
I *rejoiced* to hear that he had got better.
그가 좋아졌다는 소식을 듣고 기뻤다.

0939 release [rilí:s] 동 풀어놓다, 석방하다, 발표하다 명 해방, 발표
He commanded the *release* of the prisoner.
그는 죄수들을 석방하라고 명령했다.

0940 relieve [rilí:v] 동 경감하다, 덜다, 구제하다, 해임하다
relief[rilí:f] 명 경감, 구제, 교체, 양각
No words were *relieve* my sorrow.
어떤 말도 나의 슬픔에 위로가 되지 않았다.

0941 reluctant [rilʌ́ktənt] 형 싫어하는, 달갑지 않은
reluctance, -tancy[rilʌ́ktəns(i)] 명 싫음, 꺼림
She seemed *reluctant* to go with him.
그녀는 그와 함께 가고 싶은 마음이 없어 보였다.

0942 remedy [rémədi] 명 치료 동 치료하다
The best *remedy* for sorrow is hard work.
슬픔을 이겨내는 가장 좋은 치료방법은 열심히 일하는 것이다.

0943 render [réndər] 동 ~하게 하다, 되게 하다, (보답으로) 주다
The accident will *render* you helpless.
그 사건이 너로 하여금 어쩔 수 없는 상태로 몰고 갈 것이다.

0944 repay [ripéi] 동 갚다, 상환하다, 보답하다

Repay me the money.
돈을 갚아 주세요.

0945 repent [ripént] 동 후회하다, 유감으로 생각하다
I now *repent* that I offended her.
그녀의 감정을 상하게 한 것을 지금 후회하고 있다.

0946 reproduce [ríːprədjúːs] 동 재생하다, 복사하다, 번식하다
reproduction[ríːprədʌkʃən] 명 재생, 복사
The lizard *reproduces* its torn tail.
도마뱀은 끊어진 꼬리를 재생한다.

0947 reputation [rèpjutéiʃən] 명 평판, 명성, 덕망
The picture made his *reputation*.
그는 그 그림으로 유명해졌다.

0948 rescue [réskjuː] 동 구출하다 명 구출
He *rescued* a drowning child
그는 물에 빠진 아이를 구출했다.

0949 research [risə́ːrtʃ] 동 연구하다 명 연구
researcher[risə́ːrtʃər] 명 연구원
His work is divided between tutoring and *research*.
그가 하는 일은 학생 지도와 연구로 나뉘어 있다.

0950~0962 **74th Day**

(　월　　일)

0950 resemble [rizémbl] 동 닮다
resemblance[rizémbləns] 명 유사, 닮음, 외관
The brothers *resemble* each other in taste.
형제들은 취미가 서로 닮았다.

0951 resist [rizíst] 동 저항하다, 방해하다, 견뎌내다
resistance[rizístəns] 명 저항, 반감, 방해
resistant, -tent[rizístənt] 형 저항하는, 방해하는
I cannot *resist* laughing.
웃지 않고는 배겨낼 수 없었다.

0952 resolution [rèzəlúːʃən] 명 결의, 결심, 해결
resolute[rézəlùːt] 형 굳게 결심한, 단호한
Did you forget your New Year's *Resolution*?
새해 결심을 잊었니?

0953 resolve [rizɔ́lv] 동 용해하다, 분석하다, 결심하다 명 결심
Your encouragement has *resolved* me to go to college.
너의 격려로 대학에 갈 결심을 했다.

0954 restrain [ristréin] 동 제지(방해)하다, 억제하다, 구속하다
restraint[ristréint] 명 억제, 금지, 구속, 자제
He *restrained* a child from doing mischief
아이가 장난치지 못하게 했다.

0955 resume [rizúːm] 동 되찾다, 다시 시작하다
※resumé[rézumèi] [프랑스어] 명 대략, 개요, 이력서
He stopped talking and *resumed* eating.
그는 말을 멈추고 다시 먹기 시작했다.

0956 retain [ritéin] 동 유지하다, 보유하다, 보류하다

Things hardly attained are longer *retained*.
고생해서 얻은 것은 오래 간직한다. (속담)

0957 retreat [ritríːt] 동 후퇴하다, 물러서다 명 후퇴
The company was in full *retreat*.
보병 중대는 총 퇴각했다.

0958 revenge [rivéndʒ] 명 복수 동 복수하다
He *revenged* his dead brother.
그는 죽은 형의 원수를 갚았다.

0959 revenue [révənjùː] 명 매출, 수입, 수익, 세입
Taxes comprise most of the government *revenue*.
세금이 정부 수입의 대부분을 차지한다.

0960 reverse [rivə́ːrs] 명 뒤, 반대, 배후 형 거꾸로의 동 거꾸로 하다
Their positions are now *reversed*.
지금 그들의 입장이 바뀌었다.

0961 revive [riváiv] 동 소생하게 하다, 부활하다
revival[riváivəl] 명 재생, 소생, 부활, 재상영
His encouraging words *revived* my drooping spirits.
그의 격려의 말을 듣고 풀이 죽어있던 나는 기운이 솟았다.

0962 revolt [rivóult] 동 반란을 일으키다 명 반란
People *revolted* against their ruler.
민중은 지배자에 대하여 반란을 일으켰다.

0963~0975 75th Day

(월   일)

0963 revolve [rivɔ́lv] 동 회전하다
The earth *revolves* on its axis.
지구는 지축을 중심으로 자전한다.

0964 rewrite [riːráit] 동 다시 쓰다, 고쳐 쓰다
He had to *rewrite* the article.
그는 그 기사를 고쳐 써야 했다.

0965 ridiculous [ridíkjuləs] 형 웃기는, 터무니없는
Don't be *ridiculous*.
어리석은 소리 하지 마라.

0966 riot [ráiət] 명 폭동, 법람 동 폭동을 일으키다
Troops were sent to control the *riot*.
폭동을 진압하기 위해 군대가 동원되었다.

0967 roar [rɔːr] 동 으르렁거리다, 고함치다 명 포효, 와자함
Let not thy will *roar*, when thy power can but whisper.
(Thomas Fuller)
당신의 힘이 속삭임에 불과할 때 그대의 의지가 포효하지 않도록 하라.
(토마스 풀러, 영국 역사가)

0968 robe [roub] 명 길고 헐거운 겉옷, 옷, 예복 동 예복을 입히다
She *robed* herself in her evening dress.
그녀는 이브닝드레스를 입었다.

0969 rot [rɔt] 동 썩다, 부패하다 명 썩음, 부패
rotten[rɔ́tn] 형 썩은, 남루한
It has *rotted* the whole plan.
그 계획은 완전히 망가져 버렸다.

0970 routine [ruːtíːn] 명 판에 박힌 일, 관례 형 일상의, 정기적인
Her *routine* was invariable.
그녀의 틀에 박힌 생활은 변함이 없었다.

0971 row¹ [rou] 명 열, 줄, 행(行)
Since then, he has won the competition three years in a *row*.
그 후로 그는 3년 연속 그 대회에서 우승했다.

0972 row² [rou] 동 (노를) 젓다 명 노 젓기
He *rowed* down the river.
그는 노를 저어 강을 내려갔다.

0973 row³ [rau] 명 법석, 소동 동 꾸짖다, 떠들다, 싸우다
We've had awful *rows* now and then.
우리는 가끔 심한 싸움을 했다.

0974 rubbish [rʌ́biʃ] 명 쓰레기, 잡동사니
I put the *rubbish* in a paper bag and threw it away.
쓰레기를 종이봉투에 넣어 버렸다.

0975 rural [rúərəl] 형 시골의, 전원의, 촌스러운
Rural life is more peaceful than urban one.
시골 생활은 도시 생활보다 평화롭다.

0976~0988 76th Day

(　월　　일)

0976 rust [rʌst] 명 (금속의) 녹 동 녹슬다
rusty[rʌ́sti] 형 녹슨, 무디어진, 낡은
Better wear out than *rust* out.
묵혀 없애느니 써서 없애는 것이 낫다. (속담)

0977 rustic [rʌ́stik] 형 시골의, 전원생활의, 소박한
The village has a certain *rustic* charm.
그 마을은 뭔가 시골풍의 매력이 있다.

0978 rustle [rʌ́sl] 동 살랑살랑 소리를 내다 명 바스락 소리
Her long silk skirt *rustled* as she walked.
그녀가 걸어갈 때 긴 비단 치마가 살랑거리는 소리를 냈다.

0979 sacred [séikrid] 형 신성한, 종교적인
Cows are *sacred* to Hindus.
소는 힌두교도들에게 성스러운 존재이다.

0980 saddle [sǽdl] 명 (말 등의) 안장 동 안장을 얹다, 짐을 지우다
The cowboy put the *saddle* on his horse.
카우보이가 말 위에 안장을 얹었다.

0981 saint [seint] 명 성인(聖人), 성자 동 성인으로 숭배하다
Young *saints*, old sinners.
젊었을 때의 신앙심은 믿을 수 없다. (속담)

0982 sake [seik] 명 위함, 목적, 이익, 원인, 이유
He gave up smoking for the *sake* of his health.
건강을 위해 금연했다.

0983 salute [səlúːt] 동 인사하다, 맞이하다 명 인사
He took his hat to *salute* her.

그는 모자를 벗고 그녀에게 인사했다.

0984 sane [sein] 형 제정신의, 건전한
No *sane* man would do such a thing.
분별 있는 사람이라면 그런 일은 하지 않는다.

0985 satelite [sǽtəlàit] 명 위성, 인공위성, 위성국 형 위성의
Man-made space *satelite* now revolve around the earth.
인공 우주위성이 지금 지구 주위를 돌고 있다.

0986 satire [sǽtaiər] 명 풍자
The play is a blistering *satire* on a repressive society.
그 연극은 억압받은 사회에 대한 통렬한 풍자극이다.

0987 saw [sɔː] 명 톱 동 톱으로 켜다
※see의 과거
This timber *saws* easily.
이 목재는 톱으로 쉽게 켤 수 있다.

0988 scale¹ [skeil] 명 규모, 단계, 등급 동 오르다, 기어오르다
Visitors were overwhelmed by the huge *scale* of the art.
방문객들이 엄청난 크기의 예술작품에 압도되었다.

0999~1001 77th Day

(월   일)

0989 scale² [skeil] 명 저울, 가치 기준 동 저울로 달다, 비교하다
The butcher placed the meat on the *scale*.
푸주한이 고기를 저울 위에 올려놓았다.

0990 scare [skɛə] 동 놀라게 하다, 위협하다, 놀라다 명 공황, 놀람
scary[skɛ́əri] 형 겁이 많은, 무서운
She *scared* at a lizard.
그녀는 도마뱀을 보고 놀랐다.

0991 scatter [skǽtər] 동 흩뿌리다, (군중을) 쫓아버리다
The police *scattered* the crowd.
경찰이 군중을 해산시켰다.

0992 scheme [skiːm] 명 계획, 음모 동 계획하다, 음모를 꾸미다
They *schemed* to overthrow the Cabinet.
그들은 내각 타도의 음모를 꾸몄다.

0993 scissors [sízərz] 명 가위
scissor[sízər] 동 가위로 자르다, 제거하다
This pair of *scissors* is not sharp.
이 가위는 잘 잘라지지 않는다.

0994 scope [skoup] 명 범위, 여지, 기회
Our power is limited in *scope*.
우리 세력의 범위는 한정되어 있다.

0995 score [skɔːr] 명 득점, 점수, 눈금, 20, 동 득점하다
Death pays all *scores*.
죽으면 모든 셈이 끝난다. (속담)
(죽음은 모든 원한을 없애 준다.)

0996 scorn [skɔːn] 동 경멸하다, 모욕하다 명 경멸
He *scorned* her advice.
그는 그녀의 충고를 거절했다.

0997 scrape [skreip] 동 문지르다, 긁어 상처를 내다, 긁어모으다
He was *scraped* his knee on a stone.
그가 돌에 걸려 넘어져 무릎에 찰과상을 입었다.

0998 scream [skriːm] 동 소리치다, 비명을 지르다 명 외침
A *scream* broke the silence of the night.
비명소리가 밤의 정적을 깼다.

0999 screw [skruː] 명 나사, 나사못 동 나사로 죄다
Screw these pieces of board together.
나사못으로 이 판자들을 붙여라.

1000 script [skript] 명 손으로 쓴 글, 원본, 대본 동 대본을 쓰다
A good *script* doesn't always lead to a good movie.
시나리오가 좋다 해서 항상 좋은 영화가 만들어지는 것은 아니다.

1001 scrub[1] [skrʌb] 동 비벼빨다, 문지르다
She *scrubbed* a bloodstain off her clothes.
그녀는 옷에 묻은 핏자국을 문질러 씻어냈다.

1002~1014 78th Day

(　　월　　일)

1002 scrub² [skrʌb] 몡 관목
The bird disappeared into the *scrub*.
새가 덤불 속으로 사라졌다.

1003 seal¹ [siːl] 몡 도장, 봉인 동 도장을 찍다, 봉인하다
He has *sealed* his will to his son.
그는 유언장에 날인하여 아들에게 주었다.

1004 seal² [siːl] 몡 바다표범
The head of *seal* bobbed up a few yards away.
몇 야드 떨어진 곳에서 바다표범 머리가 불쑥 솟아올랐다.

1005 section [sékʃən] 몡 부분, 구역, (문장의) 절(節) 동 구분하다
sectional[sékʃənəl] 몡 구분의, 부분적인
The woman is looking for the fruit *section*.
그 여자는 과일 코너를 찾고 있다.

1006 secure [sikjúər] 몡 안전한, 튼튼한 동 안전하게 하다
security[sikjúərəti] 몡 안전, 안심, 보증
The building was *secure* even in an earthquake.
그 빌딩은 지진에도 끄떡없었다.

1007 seize [siːz] 동 붙잡다, 빼앗다
He *seized* her by the wrist.
그는 그녀의 손목을 꽉 붙잡았다.

1008 senate [sénət] 몡 상원
senator[sénətər] 몡 상원의원
The *Senate* ratified that treaty in September.
상원은 그 조약을 9월에 비준했다.

1009 separate [sépərèit] 동 분리하다, 헤어지다 [sépərit] 몡 분리된

separation[sèpəréiʃən] 명 분리, 별거
My brother and I have *separate* rooms.
형과 나는 방을 따로 쓴다.

1010 sequence [síːkwəns] 명 연속, 순서, 결과, 반복 동 배열하다
Arrange the names in alphabetical *sequence*.
이름을 알파벳 순으로 나열하세요.

1011 serene [siríːn] 형 맑게 갠, 고요한, 고귀하신 명 평온, 침착
serenity[sirénəti] 명 화창함, 평온
It is a *serene* summer night.
맑게 갠 여름밤이다.

1012 sergeant [sáːdʒənt] 명 부사관, 병장, (경찰) 경장
The *sergeant* stood to attention and saluted.
부사관이 차렷 자세를 하고 거수경례를 했다.

1013 sermon [sə́ːmən] 명 설교, 잔소리
The preacher delivers a *sermon* every Sunday.
목사님은 매주 일요일 설교를 한다.

1014 session [séʃən] 명 개회(기간), 회의, 모임
Congress is now in *session*.
의회는 지금 개회 중이다.

1015~1027 79th Day

(　　월　　　일)

1015 settle [sétl] 동 정하다, 놓다, 설치하다, 정착하다, 앉다
settlement[sétlmənt] 명 정착, 안정, 이민, 해결
settler[sétlər] 명 이민자, 식민자
He *settled* himself in Canada.
그는 캐나다에 정착했다.

1016 severe [sivíər] 형 심한, 엄격한
severely[sivíərli] 부 심하게, 엄하게, 간소하게
He is *severe* on his children.
그는 아이들에게 엄하다.

1017 sew [sou] 동 바느질하다, 꿰매다
She *sewed* a button on a coat
그녀는 코트에 단추를 꿰매 달았다.

1018 shabby [ʃǽbi] 형 초라한, 허름한, 비열한
The restaurant looks *shabby*, but the food is excellent.
그 식당은 보기에는 초라하지만, 음식은 아주 좋다.

1019 shallow [ʃǽlou] 형 얕은, 천박한 명 여울 동 얕게 하다
He is as *shallow* as a pie dish.
그는 파이 접시처럼 속이 깊지 않은 사람이다.

1020 shark [ʃɑːk] 명 상어 동 상어잡이를 하다
Shark's fin soup is a delicacy in China.
상어 지느러미 수프는 중국에서 진미다.

1021 shave [ʃeiv] 동 면도하다 명 면도
He does not *shave* every day.
그는 매일 면도하지 않는다.

1022 shed [ʃed] 동 흘리다, (잎이) 떨어지다

- 178 -

I couldn't read that novel without *shedding* tears.
눈물을 흘리지 않고 그 소설을 읽을 수 없었다.

1023 shell [ʃel] 명 조개, 껍질, 포탄
The snail's *shell* is spiral in form.
달팽이 껍질은 형태가 나선형이다.

1024 shepherd [ʃépərd] 명 양치기, 목사 동 (양을) 돌보다
Finally, the *shepherd* found the missing lamb.
마침내, 목동은 잃어버린 양을 찾았다.

1025 shield [ʃiːld] 명 방패, 보호물 동 보호하다
The hostages were used as a human *shield*.
그 인질들은 인간 방패로 이용되었다.

1026 shift [ʃift] 동 옮기다, 변경하다, 이동하다 명 변경
Could you help me *shift* some furniture?
가구 옮기는 일을 도와주실 수 있으세요?

1027 shiver [ʃívər] 동 떨다, 전율하다 명 전율
He *shivered* in thin clothing on a frosty day.
그는 서리 내린 날에 얇은 옷을 입고 추위에 떨고 있었다.

1028~1040 **80th Day**

(월   일)

1028 shorthand [ʃɔ́ːthænd] 명 속기 동 속기하다
He took the note in *shorthand*.
그는 속기로 메모를 했다.

1029 shortly [ʃɔ́ːtli] 부 이내, 곧
He will *shortly* arrive in Seoul.
그는 곧 서울에 도착할 예정이다.

1030 shortsighted [ʃɔ́ːtsáitid] 형 근시의
People who are *shortsighted* are requested to wear glasses.
근시인 사람들은 안경을 써야 한다.

1031 shovel [ʃʌ́vəl] 명 삽 동 삽질하다
He bought a *shovel* to clean the sidewalk after the snowstorm.
그는 폭설이 내린 뒤 보도에 있는 눈을 치우기 위해 삽 한 자루를 샀다.

1032 shrewd [ʃruːd] 형 예민한, 빈틈없는, 약삭빠른, 상황판단이 빠른
He is very *shrewed* and clever.
그는 매우 빈틈없고 영리하다.

1033 shrub [ʃrʌv] 명 관목, 키 작은 나무
He planted *shrubs* and flowers in the flower bed.
그는 화단에 관목과 꽃들을 심었다.

1034 sigh [sai] 동 한숨 쉬다, 한탄하다 명 한숨, 탄식
He gave a deep *sigh*.
그는 깊은 한숨을 내쉬었다.

1035 sightsee [sáisìː] 동 관광하다, 구경하다
sightseeing[sáisìːŋ] 명 관광, 유람
He went to Paris to *sightsee*.

그는 관광 여행을 위해 파리에 갔다.

1036 signify [sígnəfài] 동 의미하다, 표시하다, 알리다, 중대하다
significant[signífikənt] 형 중요한, 의미 있는
With a nod he *signified* that he approved.
고개를 끄덕여 그는 찬성의 뜻을 표했다.

1037 silly [síli] 형 어리석은, 바보 같은
It was very *silly* of me.
내가 생각해도 어리석었다.

1038 sin [sin] 명 죄, 잘못 동 죄를 짓다
Condemn the *sin*, but not the sinner.
죄는 미워하되 죄지은 사람은 미워하지 마라.

1039 sincerely [sinsíərli] 부 마음으로부터, 진심으로
Yours *sincerely*.
재배(再拜)(편지 끝의 맺음말)

1040 singular [síŋgjulər] 형 유일한, 개개의, 뛰어난 (문법의) 단수형
She is a woman of *singular* beauty.
그녀는 보기 드문 미인이다.

구두쇠

A merchant's wife fell ill and he went to get a doctor. The doctor knowing that the man was famous for not paying his bills said, "I'm afraid you may not pay me."

"Sir," replied the merchant, "whether you cure her or whether you kill her, I'll pay you."

Reaching the woman's bedside the doctor found he could do little. Although he gave her medicine, she soon died.

Asked for the money, the man said, "Did you kill her?"

"Certainly not," said the doctor.

"Did you cure her?"

"That was impossible." replied the doctor.

"Since you've neither killed nor cured her. I've nothing to pay you."

한 상인의 아내가 병에 걸려서 의사를 찾아갔다. 그 상인이 치료비를 주지 않기로 유명한 사람임을 알고 있는 의사가 "돈을 받을 수 있을까 걱정이네요."라고 말했다.

"선생님, 선생님께서 아내 병을 고쳐주시건, 아내를 죽이건 돈을 드리겠습니다."라고 상인이 대답했다.

부인의 침대 곁에서 살펴보니 의사는 어찌해 볼 도리가 없는 상태임을 알았다. 비록 그가 환자에게 약을 주기는 했지만, 부인은 곧 사망했다.

의사가 상인에게 돈을 달라고 하자, 그 상인은 "당신이 내 아내를 죽였어요?"라고 말했다.

"절대 그러지 않습니다."라고 의사가 말했다.

"당신이 내 아내 병을 고쳐주었어요?"

"어찌해 볼 도리가 없었습니다."라고 의사가 대답했다.

"그렇다면, 당신이 내 아내를 죽인 것도 아니고, 치료해 주지도 않았잖아요. 나는 한 푼도 줄 수 없습니다."

neither ~ nor ⋯ : ~도 ⋯도 아니다

81st Day ~ 90th Day

국회의원

1041~1053 81st Day

(　월　　　일)

1041 site [sait] 몡 위치, 장소, 집터 동 위치하게 하다
We haven't yet chosen the *site* for the new school.
우리는 새 학교를 세울 장소를 아직 정하지 못했다.

1042 skeleton [skélətn] 몡 해골, 뼈대 혱 해골의, 말라빠진
Only the concrete *skeleton* of the factory remained.
그 공장의 시멘트 뼈대만 남아있었다.

1043 skylark [skáilà:k] 몡 종달새 동 뛰어 돌아다니다
A *skylark* is soaring to the sky.
종달새가 하늘 높이 솟아오르고 있다.

1044 slang [slæŋ] 몡 속어, 통용어 동 속어를 쓰다
Don't use *slang* if you can possibly help it.
될 수 있으면 속어는 쓰지 마세요.

1045 slave [sleiv] 몡 노예 동 노예처럼 일하다
slavery[sléivəri] 몡 노예 신세, 노예제도
He is the *slave* of his own integrity.
그는 매우 성실한 사람이다.

1046 sleeve [si:v] 몡 소매 동 소매를 달다
Every man has a fool in his *sleeve*.
모든 사람은 소매 안에 바보를 가지고 있다. (속담)
(털어서 먼지 안 나는 사람 없다.)

1047 sleigh [slei] 몡 썰매 동 썰매를 타다
The *sleigh* is pulled by reindeer.
그 썰매는 순록이 끌어요.

1048 slender [sléndər] 혱 홀쭉한, 가느다란, 가냘픈

She is a *slender* girl who work as model.
그녀는 모델로 일하는 날씬한 소녀다.

1049 snail [sneil] 명 달팽이
He is as slow as a *snail*
그는 달팽이처럼 매우 느리다.

1050 snatch [snætʃ] 동 잡아채다, 운 좋게 얻다 명 강탈
The cat *snatched* a chicken and ran away.
고양이가 병아리 한 마리를 낚아채고는 도망을 갔다.

1051 sneeze [sniːz] 명 재채기 동 재채기하다, 경멸하다
He gave a violent *sneeze*.
그는 심하게 재채기를 했다.

1052 sniff [snif] 동 코로 킁킁거리다, 냄새 맡다 명 퀴퀴한 냄새
The dog *sniffed* at the stranger.
개가 낯선 사람에게 킁킁거리며 냄새를 맡았다.

1053 soak [souk] 동 젖다, 스미다, 빨아들이다
The water *soaked* the earth.
물이 지면에 스며들었다.

1054~1066 82nd Day

(　　월　　　일)

1054 soar [sɔər] 동 높이 날다, (물가) 급등하다 명 급등
The eagle *soared* into the sky.
독수리가 하늘 높이 날아올랐다.

1055 sob [sɔb] 동 흐느끼다, 흐느끼며 말하다 명 흐느낌
The poor boy *sobbed* himself to sleep the night you left.
그 불쌍한 소년은 당신이 떠난 날 밤에 울다가 잠이 들었다.

1056 sober [sóubər] 형 술 취하지 않은, 맑은 정신의, 냉정한 동 술 깨다
He insisted that he was *sober* at that time.
그는 그 시간에 술에 취해 있지 않았다고 주장했다.

1057 socialism [sóuʃəlìzm] 명 사회주의
The corollary of *socialism* is poverty and despair.
사회주의의 당연한 결과는 빈곤과 절망이다.

1058 sock [sɑk] 명 짧은 양말 동 양말을 신기다
He stands six feet three inches in his *socks*
그는 구두를 벗은 키가 6피트 3인치이다.

1059 soil¹ [sɔil] 명 흙, 토양, 땅, 국토, 온상
Poverty provides the *soil* for crime.
빈곤은 범죄의 온상이다.

1060 soil² [sɔil] 명 오물 동 더럽히다
His reputation was badly *soiled*.
그의 평판이 몹시 나쁘다.

1061 sole [soul] 형 단 하나의, 독점적인
solely[sóulli] 부 혼자서, 단독으로
The individual freedom is the *sole* fount of human creativity.

개인의 자유는 인간 창조력의 유일한 원천이다.

1062 solid [sɔ́lid] 형 고체의, 단단한 명 고체
Water in a *soil* state is ice.
고체 상태의 물이 얼음이다.

1063 solitude [sɔ́litjùːd] 명 고독, 외로움
solitary[sɔ́litəri] 형 혼자의, 외로운
Solitude is the mother of anxieties.
고독은 근심의 어머니다. (속담)

1064 soothe [suːð] 동 달래다, 위로하다
I tried to *soothe* her angry.
나는 그녀의 화를 진정시키려 애를 썼다.

1065 sore [sɔər] 형 아픈, 슬픈 명 종기
I am *sore* all over.
온몸이 욱신거린다.

1066 soul [soul] 명 영혼, 열정
He has no *soul*.
그는 기백이 없다.

1067~1079 83rd Day

(　월　　일)

1067 sound¹ [saund] 몡 소리, 가락, 소음 툉 소리가 나다
The music *sounds* sweet.
아름다운 음악이다.

1068 sound² [saund] 혱 건전한, 완전한, 확실한
A *sound* mind in a *sound* body.
건강한 몸에 건전한 정신.

1069 sound³ [saund] 툉 재다, 조사하다, 타진하다
We must *sound* him about his willingness to help us.
그가 우리를 도울 의향이 있는지를 타진해봐야 한다.

1070 sovereign [sɔ́vrin] 몡 주권자, 군주 혱 군림하는, 최고의, 탁월한
The Korea *sovereign* power resides in the people.
대한민국 주권은 국민에게 있다.

1071 sow [sou] 툉 (씨를) 뿌리다, 파종하다
As a man *sows*, so he shall reap.
자기가 뿌린 씨는 자기가 거둔다. (속담)
(인과응보 因果應報, 자업자득 自業自得)

1072 spade [speid] 몡 삽, 가래 툉 가래로 파다
Turned the soil over with a *spade*.
삽으로 흙을 뒤집어 주어라.

1073 sparkle [spáːkl] 몡 불꽃, 번쩍임 툉 불꽃 튀다, (재치가) 넘치다
The candlelight *sparkled* in the crystal.
촛불이 수정에 비쳐서 반짝였다.

1074 sparrow [spǽrou] 몡 참새
The *sparrow* near a school sings the primer.

학교 근처 참새가 라틴어 입문서를 노래한다. (공부속담)
(서당 개 3년이면 풍월을 읊는다.)

1075 spear [spiər] 명 창, 줄기 동 창으로 찌르다
A *spear* is a primitive weapon.
창은 원시적 무기이다.

1076 species [spí:ʃi:z] 명 종(種), 체제
The Origin of *Species* (Charles Darwin)
종의 기원 (찰스 다윈)

1077 specimen [spésəmin] 명 표본, 견본
Your work was chosen as a fine *specimen*.
당신의 작품이 좋은 예로 선정되었습니다.

1078 spell¹ [spel] 동 철자하다, 판독하다, 의미하다
Did I *spell* your name right?
내가 너의 이름을 바르게 철자했니?

1079 spell² [spel] 명 주문(呪文), 마력(魔力)
The wizard cast a *spell* on people.
마녀가 사람들에게 마법을 걸었다.

1080~1092 **84th Day**

(월 일)

1080 spell³ [spel] 몡 한차례, 잠깐동안 동 교대하다
I spent a brief *spell* on the Samsung Electronics Co..
나는 잠깐동안 삼성전자에 근무했다.

1081 sphere [sfiər] 몡 공, 공 모양, 영역, 하늘
Can you calculate the area of the surface of this *sphere*?
이 구의 표면적을 계산할 수 있나요?

1082 spice [spais] 몡 양념 동 양념을 하다
He *spiced* his conversation with humorous anecdotes.
그는 재미있는 일화로 이야기에 흥취를 더했다.

1083 spill [spil] 동 엎지르다, 뿌리다
There is no use crying over *spilt* milk.
엎지른 우유는 도로 담을 수 없다. (속담)
(지나간 일은 후회해도 소용없다.)

1084 spin [spin] 동 (실을) 잣다, 방적하다, 돌리다 몡 회전, (탁구) 스핀
Pioneer women *spun* yarn on *spinning* wheels.
개척시대 여자들은 물레를 돌려 실 잣기를 했다.

1085 spiral [spáiərəl] 형 나선형의, 나선의 몡 나선, 소용돌이
Our economy is an inflationary *spiral* of wage and price increases.
우리 경제는 임금과 물가 상승의 인플레이션 소용돌이에 휘말려 있다.

1086 splash [splæʃ] 동 튀기다, 튀어 오르다 몡 튀기기
Children like to *splash* in the bath.
아이들은 욕조에서 물을 철벅 철벅 튀기기를 좋아한다.

1087 split [split] 동 쪼개다, 나누어지다, 분리시키다 몡 분열
The river *splits* the city in two.

강이 그 도시를 둘로 나누어 놓고 있다.

1088 spur [spəːrʃ] 명 박차, 자극 동 박차를 가하다, 몰아대다
Ambition *spurred* him on to success.
그는 야심에 자극되어 성공했다.

1089 squeeze [skwiːz] 동 죄다, 압착하다 명 압착
Oranges *squeeze* easily.
오렌지는 쉽게 짜진다.

1090 squirrel [skwírəl] 명 다람쥐 동 저장하다
The tree *squirrel* is small and covered in soft fur.
나무 다람쥐는 크기가 작고 부드러운 털을 가지고 있다.

1091 stable¹ [stéibl] 형 안정된, 견실한
stability[stəbíləti] 명 안정, 확고
The *stable* economy is the aim of every government.
경제 안정은 모든 정부의 목표이다.

1092 stable² [stéibl] 명 마구간, 외양간
He led the horse back into the *stable*.
그가 말을 마구간으로 다시 데리고 갔다.

1093~1105 85th Day

(월 일)

1093 stagger [stǽgər] 동 비틀거리다, 망설이다 명 비틀거림
He *staggered* with a immense package on his shoulder.
그가 어깨에 어마어마하게 무거운 짐을 얹고 비틀거렸다.

1094 stain [stein] 명 얼룩, 때 동 더럽히다
The fairest silk is soonest *stained*.
깨끗한 비단일수록 더 빨리 더러워진다. (속담)
(착한 사람일수록 더 빨리 악에 물든다.)

1095 stammer [stǽmər] 동 말을 더듬다
He is apt to *stammer* when he is excited.
그는 흥분하면 말을 더듬는 경향이 있다.

1096 statesman [stéitsmən] 명 정치가
He will go down in history as a great *statesman*.
그는 위대한 정치가로 역사에 기록될 것이다.

1097 statistics [stətístiks] 명 통계, 통계학
Statistics do not lie.
통계에는 거짓이 없다.

1098 statue [stǽtʃuː] 명 조각상
the *Statue* of Liberty (New York)
자유의 여신상

1099 steep¹ [stiːp] 형 가파른, 경사가 급한, 터무니없는
The price is too *steep* for me.
나에게는 터무니없이 비싼 가격이다.

1100 steep² [stiːp] 동 적시다, 담그다 명 적심, 담금
Steep seeds in water before sowing.

씨를 뿌리기 전에 씨를 물에 충분히 담가 두어라.

1101 steer [stiər] 동 키를 잡다, 조종하다 명 조언, 충고
Our task is to *steer* a course of stability in uncertain times.
우리의 과제는 불확실한 시기에 안정적인 길로 가는 것이다.

1102 stern [stəːrn] 형 엄격한, 단호한
His *stern* mother made him do all his homework before dinner.
그의 엄격한 어머니는 그가 저녁 식사 전에 숙제를 다 하도록 했다.

1103 stiff [stif] 형 뻣뻣한, 경직된 명 융통성 없는 사람, 위조지폐
stiffen[stífən] 동 뻣뻣해지다
The speech he made to welcome them was *stiff* and formal.
그들을 환영하는 그의 연설은 딱딱하고 형식적이었다.

1104 stimulate [stímjulèit] 동 자극하다, 흥분시키다
Praise *stimulates* students to work hard.
칭찬은 학생들을 자극하여 열심히 공부하게 한다.

1105 sting [stiŋ] 동 찌르다, 자극하다 명 찌름, 상처
stingy[stíŋi] 형 쏘는, 날카로운
A bee *stung* my arm.
벌이 팔을 쏘았다.

1106~1118 86th Day

(월   일)

1106 stir [stəːr] 통 움직이다, 휘젓다 명 움직임
Stir your coffee with a spoon.
커피를 스푼으로 저어라.

1107 stomach [stʌmək] 명 위, 복부 통 먹다
The fish held a lot of shrimps in its *stomach*.
그 물고기 위 속에 새우가 많이 들어있었다.

1108 stool [stuːl] 명 (등받이, 팔걸이 없는) 걸상
He sat on the *stool*, swinging his legs.
그는 등받이 없는 의자에 앉아 다리를 흔들고 있었다.

1109 stoop [stuːp] 통 웅크리다, 고개를 숙이다
The doorway was so low that we had to *stoop* to go through it.
현관이 너무 낮아 지나가자면 몸을 구부려야 했다.

1110 stout [staut] 형 튼튼한, 뚱뚱한 명 뚱보
He is a heavy *stout* man.
그는 덩치가 큰 뚱뚱한 남자다.

1111 strain [strein] 통 잡아당기다, 긴장하다 명 팽팽함, 긴장
Relations with neighbouring countries are under *strain* at present.
이웃 나라와의 관계가 현재 긴장 상태에 있다.

1112 strait [streit] 명 해협, 곤경
The Bering *Strait* separates Asia and America.
베링 해협은 아시아와 아메리카 사이에 있다.

1113 straw [strɔː] 명 짚, 빨대
You cannot make bricks without *straw*.
짚 없이는 벽돌을 만들 수 없다. (속담)
(사랑해 주는 사람 없이는 살 수 없다.)

1114 stray [strei] 동 길을 잃다, 옆길로 새다, 타락하다 형 길잃은
The puppy *strayed* off from the kennel.
강아지가 개집에서 나와 길을 잃었다.

1115 streak [striːk] 명 줄, 광선, 경향 동 줄을 긋다, 질주하다
I have been dying my hair to hide a few gray *streaks*.
나는 새치 몇 가닥을 숨기기 위해 머리카락을 염색해 왔다.

1116 strife [straif] 명 투쟁, 다툼, 갈등, 불화, 문제
The racial *strife* is tearing the country apart.
인종 간의 갈등이 그 나라를 분열시키고 있다.

1117 strip [strip] 동 벗(기)다, 빼앗다
Strip off all the existing paint.
기존에 있던 페인트는 모두 벗겨 내라.

1118 stripe [straip] 명 줄(무늬), 채찍질
The zebra has *stripes*.
얼룩말은 줄무늬가 있다.

1119~1131 87th Day

(월   일)

1119 stubborn [stʌ́bərn] 형 완고한, 고집 센
You're the *stubbornest* person I ever knew.
당신같이 완고한 사람은 본 일이 없다.

1120 stuff [stʌf] 명 재료, 물질, 본성 동 채우다
He sells stationary and *stuff* like that.
그는 문구류와 뭐 그런 것을 판다.

1121 stump [stʌmp] 명 (나무) 그루터기, 토막, 기둥 동 베다
He sat on top of a *stump* to get some rest.
그는 휴식을 취하기 위해 그루터기 위에 앉았다.

1122 subdue [səbdjúː] 동 정복하다, 압도하다, 억제하다
The police used tear gas to *subdue* the rioters
경찰이 폭도들을 진압하기 위해 최루 가스를 사용했다

1123 submit [səbmít] 동 복종하다, 제출하다
submission[səbmíʃən] 명 복종, 온순, 항복
Students are required to *submit* a term paper.
학생들은 리포트를 제출해야 한다.

1124 subordinate [səbɔ́ːdənət] 형 아래의, 하급의 명 부하
He ignored the suggestions of the *subordinate* workers.
그는 부하 직원의 의견을 무시했다.

1125 subscribe [səbskáib] 동 기부하다, 출자하다, 서명하다
subscription[səbskrípʃən] 명 기부, 기부예약, 예약금
President *subscribed* his name to the document.
대통령은 그 문서에 서명했다.

1126 subside [səbsáid] 동 가라앉다, 침묵하다

The ground *subsided* around the new construction area.
새 건설지 주변에 있는 땅이 내려앉았다.

1127 subtract [səbtrǽkt] 동 빼다, 공제하다
If you *subtract* 7 from 10, you get 3.
10에서 7을 빼면 3이 남는다(10-7=3).

1128 suburb [sʌ́bəːrb] 명 교외
She lives in the *suburbs* of Seoul.
그녀는 서울 근교에 살고 있다.

1129 suck [sʌk] 동 빨다, 핥다, (지식을) 얻다
Plants *suck* moisture from the earth.
식물은 땅에서 수분을 흡수한다.

1130 sufficient [səfíʃənt] 형 충분한, 흡족한
suffice[səfáis] 동 족하다, 충분하다, 만족시키다
sufficiently[səfíʃəntli] 부 충분히
sufficiency[səfíʃənsi] 명 충분, 족함, 넉넉함
This food is *sufficient* for three people.
세 사람이 먹기에 충분한 음식이다.

1131 suicide [sjúːsàid] 명 자살 동 자살하다
Speculation in stocks can be financial *suicide*.
주식 투기는 재정적 자살 행위가 될 수 있다.

1132~1144 88th Day

(월   일)

1132 suit [suːt] 명 신사복 한 벌, 소송, 탄원 동 어울리다, 적합하다
He was wearing a neat black *suit*.
그는 산뜻한 검은색 정장을 하고 있었다.

1133 sum [sʌm] 명 총계, 합계, 개요 동 합계하다, 요약하다
The *sum* of 2 and 3 is 5.
2+3=5

1134 summon [sʌmən] 동 소환하다, 호출하다, 권고하다
A bell rang to *summon* me to luncheon.
점심 식사하러 오라는 신호의 벨이 울렸다.

1135 sunbeam [sʌnbìːm] 명 태양광선, 햇살
He concentrated *sunbeams* into a focus with a magnifying glass.
그는 돋보기로 태양광선을 한 곳으로 모았다.

1136 superficial [sùːpərfíʃəl] 형 표면의, 면적의, 하찮은
The documentary of the issue is very *superficial*.
그 문제를 다룬 기록물은 매우 피상적이다.

1137 superior [supíəriər] 형 뛰어난, ~보다 위의, 초월한 명 선배
There aren't some rights *superior* to Constitution.
헌법에 우선하는 권리는 없다.

1138 superstition [sùpərstíʃən] 명 미신
Many *superstitions* have been got rid of in these days.
요즈음에는 미신이 많이 없어졌다.

1139 supplement [sʌpləmənt] 명 보충, 추가, 부록 동 보충하다
Safety deposit box is available at a *supplement*.
추가 요금을 내시면 안전 금고를 이용하실 수 있습니다.

1140 suppress [səprés] 동 억압하다, 금지하다, 진압하다
suppression[səpréʃən] 명 억압, 억제
Garlic is known to effectively *suppress* the proliferation of cancer cells.
마늘은 암세포의 증식을 억제하는 효과가 있는 것으로 알려져 있다.

1141 surpass [sərpǽs] 동 능가하다, ~보다 낫다
He *surpassed* his father in sports.
그는 운동에 있어서는 아버지를 능가했다.

1142 surplus [sə́ːrpləs] 명 나머지, 여분
Surplus grain is being sold for export.
잉여 곡물은 수출품으로 팔리고 있다.

1143 surrender [səréndər] 동 항복하다, 포기하다, 양도하다 명 양도
We should not *surrender* our country to the enemy.
우리나라를 적에게 넘겨주어서는 안 된다.

1144 suspect [səspékt] 동 의심하다, 짐작하다, 생각하다 명 용의자
suspicion[səspíʃən] 명 혐의, 의심
suspicious[səspíʃəs] 형 의심스러운, 의심 많은
I *suspect* that we will have snow before night.
밤이 되기 전에 눈이 내리지 않을까 생각한다.

1145~1157 89th Day

(월   일)

1145 suspend [səspénd] 동 매달다, 중지하다
suspension[səspénʃən] 명 매달기, 미결정, 중지,
The store has been ordered to *suspend* business.
그 가게는 영업정지 명령을 받았다.

1146 sustain [səstéin] 동 떠받치다, 견디다
sustenance[sʌ́stənəns] 명 생계, 양식, 유지
The ice will not *sustain* your weight.
얼음이 너의 체중을 견디지 못할 것이다.

1147 swallow¹ [swɑ́lou] 동 삼키다, 먹어 치우다, 낭비하다 명 삼킴
If you don't chew your food properly, it is difficult to *swallow* it.
음식을 적당히 씹지 않으면 삼키기 어렵다.

1148 swallow² [swɑ́lou] 명 제비
One *swallow* does not make a summer.
제비 한 마리가 왔다고 여름이 되는 것은 아니다. (속담)
(한 가지만 가지고 속단하지 마라.)

1149 swamp [swɑmp] 명 늪, 습지 동 침수되다, 궁지에 몰아넣다
The *swamp* is too moist for cultivation.
그 습지는 경작하기에는 물기가 너무 많다.

1150 swear [swɛər] 동 맹세하다, 욕을 하다, 단언하다
I *swear* to God I had nothing to do with it.
하느님께 맹세코 나는 그것과 아무 상관 없어요.

1151 swell [swel] 동 팽창하다, 부풀다, 솟아오르다 명 팽창
The beans absorbed the water and began to *swell* in size.
콩이 물을 흡수해서 크기가 부풀기 시작했다.

1152 swing [swiŋ] 동 흔들다, 진동하다, 매달다 명 흔들림, 그네

The sign is *swinging* in the wind.
간판이 바람에 흔들거리고 있다.

1153 **sympathy** [símpəθi] 몡 동정(심), 공감
sympathize, -thise[símpəθàiz] 동 동정하다
sympathetic[sìmpəθétik] 형 동정적인, 호의적인
You have all my *sympathies*.
참으로 안 됐습니다.

1154 **symptom** [símptəm] 몡 징후, 조짐
Can you describe the *symptoms*?
증상들을 자세히 말씀해 주시겠습니까?

1155 **tame** [teimt] 형 길들인, 유순한 동 길들이다, 굴복시키다
That lion acts as *tame* as a house cat.
저 사자는 집고양이처럼 유순하다.

1156 **tap¹** [tæp] 동 가볍게 두드리다, (음악에 따라) 박자를 맞추다
Someone *taped* at the door.
누군가가 문을 똑똑 두드렸다.

1157 **tap²** [tæp] 몡 주둥이, (수도) 꼭지, 마개 동 꼭지를 달다
Turn off the *tap* of the hydrant.
수도꼭지를 잠그거라.

1158~1170 **90th Day**

(월   일)

1158 tease [ti:z] 동 괴롭히다, 졸라 대다
The child *teased* his mother to buy him a bicycle.
아이는 어머니에게 자전거를 사 달라고 졸라댔다.

1159 technical [téknikəl] 형 기술적인, 전문의, 공업의
technique[tekní:k] 명 기술, 기법
Creative and originality are more important than *technical*.
창의력과 독창성이 전문 기술보다 더 중요하다.

1160 tedious [tí:diəs] 형 지루한, 지겨운
The journey soon became *tedious*.
그 여행은 곧 지루해졌다.

1161 temperate [témpərət] 형 절제하는, 온화한, 온건한
temperance[témpərəns] 명 절제, 자제, 금주
Be more *temperate* in your language, please.
제발, 말 좀 삼가세요.

1162 temperature [témpərətʃùər] 명 온도, 체온
The *temperature* reads 25°C in the shade.
온도가 그늘에서 섭씨 25°이다.

1163 temple [témpl] 명 신전, 사원
The *temple* was clearly visible from the air.
그 사원은 하늘에서도 또렷이 보였다.

1164 tempt [tempt] 동 유혹하다, ~할 생각이 나게 하다
temptation[temptéiʃən] 명 유혹
The serpent *tempted* Eve.
뱀이 이브를 유혹했다.

1165 tender[1] [téndər] 형 부드러운, 상냥한, 무른 동 부드럽게 하다

tenderly[téndərli] 〖부〗 상냥하게
tenderness[téndərnis] 〖명〗 유연함, 친절
The meat was *tender* and juicy.
그 고기는 부드럽고 육즙이 많다.

1166 **tender²** [téndər] 〖동〗 제출하다, 제안하다 〖명〗 제출, 제안
He *tendered* his resignation to his boss.
그는 상사에게 사표를 제출했다.

1167 **territory** [térətɔ̀:ri] 〖명〗 영토, 지방, 지역
Dokdo is undoubtedly Korean *territory*.
독도는 의심의 여지 없이 한국의 영토다.

1168 **testify** [téstəfài] 〖동〗 증명하다, 증언하다
He *testified* that he had not been there.
그는 그곳에 있지 않았다고 증언했다.

1169 **testimony** [téstəməni] 〖명〗 증언, 고백
The suspect threatened the witness to give false *testimony*.
그 용의자는 목격자에게 위증을 해달라고 협박했다.

1170 **theory** [θíəri] 〖명〗 이론, 학설
theoretical[θìərétikəl] 〖형〗 이론(상)의
Theory of gravitation (Issac Newton)
만유인력설 (뉴턴)

국회의원

A priest got his hair cut at a Washington D.C. barber shop and asked the barber his fee.

"No, charge." the man said. "It's a service to the Lord."

The next morning the barber found a dozen small prayer booklets at his stoop with a thank-you note.

A few days later, a police officer after his haircut asked the fee.

"No charge, It's a service to my community," said the man.

The next morning, he found a dozen doughnuts on the stoop with a thank-you note.

A few days after that, a congressman asked after his haircut, "How much do I owe you?"

"No charge. It's a service to my country."

The next morning, the barber found a dozen congressmen waiting on the stoop.

한 신부가 워싱턴의 한 이발관에서 머리를 깎고 이발사에게 요금이 얼마냐고 물었다.

"주님에 대한 봉사로 생각하고 받지 않겠습니다."라고 이발사가 말했다.

다음 날 아침, 이발사는 그의 문 앞에 감사 편지와 함께 10여 권의 작은 기도서를 발견했다.

며칠 후, 경찰관 한 사람이 머리를 깎고 이발료를 물었다.

"지역사회에 봉사하는 것으로 생각하고 받지 않겠습니다."라고 이발사가 말했다.

다음 날 아침, 그의 가게 앞에 감사 편지와 도너츠 10여 개가 있었다.

그리고 며칠 후, 국회의원 한 사람이 이발을 한 후 "요금이 얼마죠?"라고 물었다.

"국가에 대한 봉사로 생각하고 요금을 받지 않겠습니다."

그다음 날 아침, 이발관 앞에 10여 명의 국회의원이 기다리고 있었다.

a dozen : 1다스, 12개
stoop : 현관, 현관 입구

91st Day ~ 100th Day

1171~1183 **91st Day**

(월   일)

1171 thereafter [ðὲəræftər] 튀 그 후에, 그 이래
Thereafter he did not speak.
그는 그 뒤부터 말을 하지 않았다.

1172 thereby [ðὲəbái] 튀 그것에 의해서, 그 때문에
He overslept, and was *thereby* late for school.
그는 늦잠을 잤기 때문에 학교에 지각했다.

1173 thermometer [θərmάmətər] 명 온도계
A *thermometer* is a device that measures temperature.
온도계는 온도를 재는 장치이다.

1174 thorough [θə́ːrə] 형 빈틈없는, 철저한, 완전한
thoroughly[θə́ːrəli] 튀 완전히, 철저히
The police carried out a *thorough* investigation of the accident.
경찰이 그 사건을 철저히 조사했다.

1175 thread [θred] 명 실, 가는 선 동 실을 꿰다
A *thread* of white smoke climbed up the sky.
한줄기의 흰 연기가 하늘로 피어올랐다.

1176 threshold [θréʃhòud] 명 문지방, 입구, 발단, 한계
Korea stands on the *threshold* of a new era.
우리나라는 바야흐로 새 시대의 문턱에 서 있다.

1177 throat [θrout] 명 목구멍, 목청
My eyes and *throat* hurt whenever there is yellow dust.
황사가 올 때마다 눈과 목이 아프다.

1178 throne [θroun] 명 왕좌, 왕위
He succeeded the *throne*.

그는 왕위를 계승했다.

1179 throng [θrɔŋ] 명 군중, 다수 동 떼를 지어 모이다
The street was filled with *throngs* of people.
거리는 군중들로 가득했다.

1180 thumb [θʌm] 명 엄지손가락 동 엄지손가락으로 만지다
She keeps her husband under her *thumb*.
그녀는 남편을 꼼짝못하게 쥐고 있다.

1181 thunder [θʌ́ndər] 명 천둥, 뇌성 동 천둥치다, 맹렬히 비난하다
We haven't had much *thunder* this summer.
올여름에는 천둥이 그다지 치지 않았다.

1182 thy [ðai] 대 너의, 그대의
If money be not *thy* servant, it will be *thy* master.
돈이 그대의 하인이 아니라면, 그대의 주인이 될 것이다. (돈 속담)
(돈을 하인으로 만들지 못하면, 돈이 너를 지배할 것이다.)

1183 tickle [tíkl] 동 간지럽히다, 기분 좋게 자극하다 명 간지럼
She gave the child a *tickle*.
그녀가 그 아이를 간지럽혔다.

1184~1196 92nd Day

(월 일)

1184 timber [tímbər] 몡 목재, 인물, 사람됨
He is being talked up as presidential *timber*.
그는 대통령감이라고 칭찬이 자자하다.

1185 timid [tímid] 몡 겁많은, 소심한
She is a *timid* driver and doesn't like to speed up.
그녀는 겁 많은 운전자여서 속도 내는 것을 싫어한다.

1186 tint [tint] 몡 엷은 색깔 통 색칠하다
The trees take on autumn *tints*.
나무들이 가을 색조를 띠고 있다.

1187 tobacco [təbǽkou] 몡 담배
Liquor, *tobacco* and junk food cause chronic illnesses like lung cancer and diabetes.
술, 담배, 정크푸드는 폐암과 당뇨병과 같은 만성질환을 유발한다.

1188 toe [tou] 몡 발가락 통 발끝으로 걷다
I stretched on my *toes* to reach it.
나는 그것을 잡으려고 발돋움을 했다.

1189 toil [tɔil] 몡 힘드는 일, 수고 통 수고하다, 노력하다
I have nothing to offer but blood, *toil*, tears, and sweat. (Winston Churchill)
내가 나라에 바치는 것은 피와 노력과 눈물과 땀뿐입니다
(윈스턴 처칠)

1190 tomb [tuːm] 몡 무덤 통 매장하다
The Taj Mahal's *tomb* took about 23 years to make.
타지마할 무덤은 만드는 데 약 23년이 걸렸다.

1191 **tone** [toun] 명 음조, 어조, 색조, 기풍 동 가락을 붙이다
He spoke a silky *tone*.
그는 부드러운 어조로 말했다.

1192 **tongue** [tʌŋ] 명 혀, 말, 언어 동 말하다
Amazement robbed me of my *tongue*.
놀라서 말이 안 나왔다.

1193 **torture** [tɔ́ːtʃər] 명 고문, 심한 고통 동 고문하다
If you wish to drown, do not *torture* yourself with shallow water.
물에 빠져 죽으려면 얕은 물에서 자신을 괴롭히지 말라. (속담)

1194 **tough** [tʌf] 형 튼튼한, 강인한, 곤란한, 힘든
It was a *tough* decision to make.
그것은 내리기 힘든 결정이었다.

1195 **trace** [treis] 명 발자국, 흔적 동 밟아가다, 더듬다
He vanished without *trace*.
그는 흔적도 없이 사라졌다.

1196 **tradition** [trədíʃən] 명 전설, 전통
traditional[trədíʃənəl] 형 전설의, 전통의
Every school has *traditions* of which it is proud.
어느 학교든 자랑삼는 전통이 있다.

1197~1209 93rd Day

(월   일)

1197 tragedy [trǽdʒədi] 몡 비극
tragic[trǽdʒik] 혱 비극의, 비참한
The Korean War was a national *tragedy* for our people.
한국 전쟁은 우리 민족에게 국가적 비극이었다.

1198 trail [treil] 몡 자국, 흔적, 꼬리 동 (질질) 끌다, 뒤를 밟다
The hounds followed the fox's *trail*.
사냥개들이 여우의 흔적을 따라갔다.

1199 transaction [trænzǽkʃən] 몡 처리, 취급, 거래, 계약
transact[trænzǽkt] 동 집행하다, 처리하다, 거래하다
There were a lot of large *transactions* yesterday.
어제는 큰 거래가 많았다.

1200 transform [trænsfɔ́ːm] 동 변형시키다, 바꾸다, 변하다
transformation[trænsfərméiʃən] 몡 변형, 변질
Wealth has *transformed* his character.
부(富)가 그의 성격을 바꾸어 놓았다.

1201 transit [trǽnsit] 몡 통과, 수송 동 통과하다
Korean public *transit* is one of the best in the world.
우리나라의 대중교통은 세계에서 최고 중의 하나이다.

1202 transmit [trænsmít] 동 보내다, 발송하다, 전하다, 전도하다
The mosquitoes that *transmit* malaria cannot survive in winter.
말라리아를 옮기는 모기는 겨울철에는 살지 못한다.

1203 transparent [trænspɛ́ərənt] 혱 투명한, 명쾌한
The windowpane is as *transparent* as air.
창유리가 공기처럼 투명하다.

1204 trap [træp] 명 덫, 함정 동 덫으로 잡다
The farmer set *traps* to catch rats in his barns.
농부가 창고 안에 있는 쥐들을 잡기 위해 덫을 놓았다.

1205 tray [trei] 명 쟁반
She set a *tray* down on the table.
그녀는 쟁반을 탁자 위에 내려놓았다.

1206 treaty [tríːti] 명 조약, 약정
We have a mutual defense *treaty* with the United States.
우리나라는 미국과 상호 방위조약을 맺고 있다.

1207 trench [trentʃ] 명 참호, 도랑 동 참호를 파다
We managed to expel the enemy from the *trench*.
우리는 가까스로 적을 참호에서 쫓아냈다.

1208 tribe [traib] 명 부족(部族), 종족
the Indian *tribes* of America
아메리카 인디언족

1209 tribute [tríbjuːt] 명 공물, 조세, 찬사
The president paid a visit to the national cemetery and paid a *tribute* to the deceased patriots.
대통령은 국립묘지를 참배하고 호국영령들의 넋을 위로했다.

1210~1222 **94th Day**

(월 일)

1210 trifle [tráifl] 명 하찮은 것, 소량, 푼돈 동 가볍게 다루다
He is not a man to be *trifled* with.
그는 우습게 볼 사람이 아니다.

1211 trigger [trígər] 명 방아쇠 동 방아쇠를 당기다
That accident *triggered* off a revolution.
그 사건이 혁명을 일으키는 계기가 되었다.

1212 trim [trim] 동 다듬다, 잘라내다, 장식하다 명 정돈
The gardener comes to *trim* up our garden once a year.
정원사가 일 년에 한 번 우리 정원을 손질하러 온다.

1213 triumph [tráiəmf] 명 승리, 정복, 성공 동 성공하다, 이기다
To win without risk is to *triumph* without glory. (Pierre Corneille)
아무런 위험 없이 승리하는 것은 영광 없는 승리일 뿐이다.
(부자와 결혼해서 돈이 많다 하여 부자인 것은 아니다.)
(피에르 코르네유, 프랑스 비극 작가)

1214 trivial [tríviəl] 형 하찮은, 사소한 명 하찮은 일
Don't bother me with *trivial* matters.
하찮은 일로 나를 귀찮게 하지 마라.

1215 tropical [trɔ́pikəl] 형 열대(지방)의, 열렬한
Bananas grow in *tropical* areas.
바나나는 열대 지방에서 자란다.

1216 trout [traut] 명 송어 동 송어를 잡다
There is no taking *trout* with dry breeches.
바지가 젖지 않고서는 송어를 잡을 수 없다. (속담)
(결과를 얻기 위해서는 그만한 노력이 필요하다.)

1217 tumble [trʌ́mbl] 동 넘어지다, 굴리다, 폭락하다 명 넘어짐, 붕괴

The stones *tumbled* down the hill.
돌이 언덕에서 굴러떨어졌다.

1218 tune [tjuːn] 명 곡조, 조화 동 (악기를) 조율하다, 노래하다
The orchestra were *tuning* up when we entered the concert hall.
콘서트홀에 들어갔을 때 관현악단은 음을 조율하고 있었다.

1219 turkey [tə́ːrki] 명 칠면조, 실패(작)
Every year, the U.S. President pardons two very lucky *turkeys*.
해마다 미국 대통령은 운 좋은 칠면조 두 마리를 사면한다.

1220 twinkle [twíŋkl] 동 반짝이다, 빛나다 명 반짝임
The lights of Seoul *twinkled* through the night.
서울 거리의 불빛이 밤새도록 반짝이고 있었다.

1221 tyranny [tírəni] 명 폭정, 학대
Tyranny cannot defeat the power of ideas. (Helen Keller)
독재는 이념의 힘은 꺾지 못한다. (헬렌 켈러)

1222 ultimate [ʌ́ltəmət] 형 최후의, 궁극의, 최종적인 명 결론
ultimately[ʌ́ltəmətli] 부 최후로, 결국, 궁극적으로
Our *ultimate* goal must be the preservation of the environment.
우리의 궁극적 목표는 환경 보전이어야 한다.

1223~1235 95th Day

(월   일)

1223 umpire [ʌ́mpaiər] 명 판정자, 심판관 동 심판하다
It is not reasonable for the *umpire* to out him.
심판이 그에게 아웃을 선언한 것은 적절하지 않다.

1224 unaccountable [ʌ̀nəkáuntəbl] 형 설명할 수 없는, 책임 없는
As a subordinate, he is *unaccountable* for errors in policy.
그는 부하로서 정책의 잘못에 대한 책임이 없다.

1225 uncomfortable [ʌnkʌ́mfərtəbl] 형 불유쾌한, 거북한, 귀찮은
He was *uncomfortable* with her silence.
그녀가 침묵하고 있어서 그는 마음이 편하지 않았다.

1226 unconscious [ʌnkɔ́nʃəs] 형 모르는, 의식을 잃은 명 무의식
He had drunk himself *unconscious* on soju.
그는 인사불성이 되도록 소주를 마셨다.

1227 underneath [ʌ̀ndərníːθ] 전 ~의 아래에 부 아래에
He is wearing a shirt *underneath* his thick vest.
그는 두꺼운 조끼 안에 셔츠를 입고 있다.

1228 undertake [ʌ̀ndərtéik] 동 맡다, 의무를 지다, 약속하다
He *undertook* to do it by Monday.
그는 월요일까지 그 일을 하겠다고 약속했다.

1229 undoubtedly [ʌndáutidli] 부 의심할 여지 없이, 확실히
That's *undoubtedly* wrong.
그것은 의심의 여지 없이 잘못되었다.

1230 unemployment [ʌ̀nimplɔ́imənt] 명 실직 형 실업의
Automation poses a threat of *unemployment* for unskilled workers.
자동화가 미숙련 노동자에게 실직의 위협이 되고 있다.

1231 unfortunate [ʌnfɔ́ːtʃənət] 형 불운한, 불행한, 명 불행한 사람
unfortunately[ʌnfɔ́ːtʃənətli] 부 불행하게, 운 나쁘게
She was *unfortunate* to lose her husband.
그녀는 불행하게도 남편을 여의었다.

1232 unique [juníːk] 형 유일한, 독특한
Language is worth studying because it is *unique* to man.
언어는 인간만이 가지고 있는 것이어서 연구할 가치가 있다.

1233 unity [júːnəti] 명 통일, 조화, 개체
The bad are never at *unity* with one another.
나쁜 사람들은 결코 서로 화합하지 않는다.

1234 unjust [ʌndʒʌ́st] 형 불공평한, 부당한
A just war is better than an *unjust* peace.
정당한 전쟁은 부정직한 평화보다 낫다. (그리스 전쟁속담)

1235 unknown [ʌnnóun] 형 알려지지 않은, 알 수 없는
The *unknown* is always mysterious and attractive.
미지의 세계는 언제나 신비롭고 흥미를 끌게 된다.

1236~1248 96th Day

(월   일)

1236 unpleasant [ʌnpléznt] 〔형〕 불쾌한, 싫은, 불친절한
He is very *unpleasant* to his employers.
그는 자기 종업원들에게 매우 불친절하다.

1237 unreasonable [ʌnríːzənəbl] 〔형〕 조리가 맞지 않은, 철없는
She made *unreasonable* demand on me.
그녀가 내게 불합리한 요구를 했다.

1238 unseen [ʌnsíːn] 〔형〕 눈에 보이지 않는
The ship struck on an *unseen* rock.
배가 물속에 있는 바위에 부딪쳐 좌초했다.

1239 unwilling [ʌnwíliŋ] 〔형〕 마음 내키지 않은, 마지못해
If you are *unwilling* to do that work, don't give the job someone else.
만약 네가 그 일을 하고 싶지 않다면, 남에게 그 일을 떠넘기지 마라.

1240 uphold [ʌphóuld] 〔동〕 (떠)받치다, (들어) 올리다, 지지하다
Government emphasized that current policy on real estate would continue to *uphold*.
정부는 최근 부동산 정책을 계속해서 고수할 것임을 강조했다.

1241 up-to-date [ʌptədèit] 〔형〕 최근의, 최신의, 현대적인
Cellular phones are using the most *up-to-date* network, called 5G.
휴대 전화는 5G라고 하는 가장 최신의 네트워크를 사용하고 있다.

1242 usher [ʌʃər] 〔명〕 안내인 〔동〕 안내하다
The return of swallows *ushered* in spring.
돌아온 제비들이 봄을 알렸다.

1243 utensil [juténsəl] 〔명〕 기구, 용구

The most useful *utensil* is hand.
가장 유용한 도구는 손이다.

1244 utmost [ʌ́tmòust] 휑 최대(한)의, 최고의 몡 최대한도
If you wanted to do something, be sure to do it to the *utmost* of your ability.
네가 뭔가 하기를 원한다면, 너의 능력을 최대한 발휘해서 확실하게 해라.

1245 utter¹ [ʌ́tər] 휑 전적인, 완전한, 절대적인
utterly[ʌ́tərli] 튄 완전히, 아주
The new play is an *utter* success.
새 연극은 완전히 성공한 작품이다.

1246 utter² [ʌ́tər] 동 말하다, 누설하다
He will *utter* his view on the subject.
그가 그 주제에 대해 그의 견해를 말하게 될 것이다.

1247 vacant [véikənt] 휑 빈, 비어있는, 한가한, 멍한
vacancy[véikənsi] 몡 공허, 빈터, 방심
Do you have a room *vacant*?
(호텔 등에서) 빈방 있습니까?

1248 vague [veig] 휑 막연한, 모호한, 흐릿한
The frontier between erotic love and friendship in youth is *vague*.
젊은이들에게는 연애와 우정 사이의 경계는 모호하다.

1249~1261 97th Day

(월 일)

1249 valid [vǽlid] 형 유효한, 근거가 확실한, 정확한
They have a *valid* claim to compensation.
그들은 보상을 요구할 수 있는 정당한 청구권이 있다.

1250 vanish [vǽniʃ] 동 사라지다, 소멸하다
A millionaire's riches may *vanished* overnight.
백만장자의 부도 하룻밤 사이에 없어지는 수가 있다.

1251 vapor, -pour [véipər] 명 증기 동 증발하다
Their excitement soon *vapored* away.
그들의 흥분은 곧 사라졌다.

1252 vegetation [vedʒətéiʃən] 명 식물, 초목, 생장, 발육
Because of the extreme temperatures on Antarctica, there is not a lot of *vegetations*.
남극 대륙에서는 극한온도 때문에 많은 식물이 살지 않는다.

1253 vein [vein] 명 정맥, 혈관, 기질
The blood of king flows in his *veins*.
그의 혈관에는 왕의 피가 흐르고 있다.

1254 verdict [və́ːrdikt] 명 평결, 판결
The jury's *verdict* was that he was guilty.
그에 대한 배심 평결은 유죄였다.

1255 vessel [vésəl] 명 배, 비행선, 용기
Where the water is shallow, no *vessel* ride.
물이 얕으면 배가 가지 못한다. (속담)
(일할 환경이 조성되어야 할 일을 한다.)

1256 vibrate [váibreit] 동 진동하다, 흔들리다

Her voice was *vibrating* with excitement.
그녀의 목소리는 흥분해서 떨고 있었다.

1257 vigor, -our [vígər] 명 정력, 활기
vigorous[vígərəs] 형 정력적인, 혈기 왕성한
The economic recovery has given the country a new *vigor*.
경제 부흥으로 그 나라는 새로운 활력을 얻고 있다.

1258 villain [víləm] 명 악한, 악인
One murder makes a *villain*, millions a hero.
한 사람을 죽이면 악한이 되지만, 백만 명을 죽이면 영웅이 된다. (속담)
(도전할 때는 그 분야에 최선을 다해라.)

1259 vinegar [vínigər] 명 식초 동 식초를 치다
The sweetest wine makes the sharpest *vinegar*.
가장 달콤한 술이 가장 독한 식초를 만든다. (속담)
(가장 믿었던 애인이 최악의 적으로 변할 수 있다.)

1260 violet [váiəlit] 명 제비꽃, 보라색
Red and *violet* are at opposite ends of the spectrum.
빨간색과 보라색은 스펙트럼의 정반대 편 양 끝에 있다.

1261 void [vɔid] 형 무효의, 쓸모없는 명 공허 동 무효로 하다
The agreement was declared *void*.
그 합의는 무효임이 선포되었다.

1262~1274 98th Day

(월   일)

1262 volcano [vɔlkéinou] 명 화산
The Baekdu Mt. is an extinct *volcano*.
백두산은 사화산(死火山)이다.

1263 volume [vɔ́ljum] 명 책, 권(卷), 대량, 음량
In the *volume* I found the information I had so long sought.
그 책에서 나는 그렇게 오래도록 찾았던 정보를 발견했다.

1264 voluntary [vɔ́ləntəri] 형 자발적인 명 자발적 행동
Most charities rely on a *voluntary* contributions from the public.
대부분의 자선단체들은 일반인들이 내는 자발적인 기부금에 의존한다.

1265 vulgar [vʌ́lgər] 형 저속한, 통속적인
His talk was just *vulgar*, I was ashamed to be with him.
그의 이야기가 전혀 품위가 없어 함께 있는 것이 부끄러웠다.

1266 wallet [wálit] 명 지갑, 가방
I had my *wallet* stolen.
지갑을 잃어버렸다.

1267 warrant [wɔ́rənt] 명 근거, 보증 동 보증하다
Diligence is a sure *warrant* of success.
근면하면 확실히 성공한다.

1268 warrior [wɔ́riər] 명 전사(戰士), 용사, 투사
the Unknown *Warrior*
무명용사

1269 weapon [wépən] 명 무기
We must abolish nuclear *weapons* to create a more human world.
더욱 인간적인 세상을 만들기 위해서는 핵무기를 폐기해야 한다.

1270 weary [wíəri] 형 피곤한, 싫증 동 지치다, 갈망하다
The long hour of study *wearied* me.
오랜 시간 공부를 해서 지쳤다.

1271 weave [wi:v] 동 짜다, 뜨개질하다, 조립하다 명 짜기
He *wove* straw into hats
밀짚을 엮어 모자를 만들었다

1272 web [web] 명 거미집, 직물
Most spiders weave *webs* that are almost invisible.
대부분의 거미들은 눈으로는 거의 보이지 않는 거미집을 짓는다.

1273 weed [wi:d] 명 잡초 동 잡초를 없애다
Ill *weeds* grow apace.
잡초는 빨리 자란다(. 속담)
(나쁜 것일수록 더 빨리 퍼진다.)

1274 weep [wi:p] 동 울다, 눈물을 흘리다
She *wept* to see him in that condition.
그녀는 그가 그런 처지에 놓여있는 것을 보고 울었다.

1275~1287 99th Day

(월 일)

1275 well-known [wélnóun] 형 잘 알려진, 유명한
It is *well-known* that liquor and smoking are bad for health.
술과 담배가 건강에 나쁘다는 것은 잘 알려진 사실이다.

1276 wheat [hwiːt] 명 밀
Could you distinguish between *wheat* and barley?
밀과 보리를 구별할 수 있습니까?

1277 whereas [hwɛ̀ərǽs] 접 ~에 반하여, 그런데
Many students like mathematics, *whereas* others do not.
많은 학생들이 수학을 좋아하는 데 반해 싫어하는 학생도 있다.

1278 whip [hwip] 동 채찍질하다, 때리다
Riders use *whips* to make their horses run faster.
기수들은 말이 더 빨리 달릴 수 있도록 채찍질을 한다.

1279 whirl [hwəːrl] 동 빙빙 돌다, 회전하다 명 회전
The merry-go-rounds are *whirling* noisily.
회전목마가 요란한 소리를 내며 빙빙 돌고 있다.

1280 whisper [hwíspər] 동 속삭이다, 살랑거리다 명 속삭임
A breeze *whispered* through the pines.
산들바람이 소나무 숲속에서 살랑거리며 불어왔다.

1281 whistle [hwísl] 동 휘파람 불다 명 휘파람
He *whistled* to his dog to come back to him.
그는 개에게 되돌아오라고 휘파람을 불었다.

1282 wicked [wíkid] 형 사악한, 심술궂은
The *wicked* fall and the good prosper.
사악한 사람은 망하고 착한 사람은 부자가 된다. (속담)

1283 **willing** [wíliŋ] 형 기꺼이 ~하는, 자발적인
willingly[wíliŋli] 부 자진해서, 쾌히
I am *willing* to do anything for you.
당신을 위해서라면 무엇이든 기꺼이 하겠습니다.

1284 **windmill** [wídmìl] 명 풍차
People enjoy taking pictures in front of the *windmill*.
사람들이 풍차 앞에서 사진 찍기를 즐기고 있다.

1285 **wipe** [waip] 동 닦다, 훔치다, 지우다
The nuclear weapons can *wipe* out the entire human race.
핵무기는 전 인류를 몰살할 수 있다.

1286 **wither** [wíðər] 동 시들다, 약해지다
Desire makes everything blossom, possession makes everything *wither* and fade. (Marcel Proust, French novelist)
열망은 모든 것을 꽃피게 하지만, 소유는 모든 것을 시들고 스러지게 한다. (마르셀 프루스트, 프랑스 소설가)

1287 **wizard** [wízərd] 명 마법사, 귀재(鬼才), 명인 형 마법의
The Wonderful Wizard of Oz is a novel written by one of the greatest American novelist Lyman Frank Baum.
오즈의 위대한 마법사는 미국 최고의 소설가 라이먼 프랭크 바움이 쓴 소설이다.

1288~1300 100th Day

(　월　　　일)

1288 worm [wəːrm] 명 벌레 동 벌레처럼 움직이다
Even a *worm* will turn(=Tread on a *worm* and it will turn.).
지렁이도 밟으면 꿈틀한다. (속담)

1289 worn [wɔːn] 형 닳아해진, 지친, 여윈 동 wear의 과거분사
Though he seemed *worn* with care, he did not lost his humour.
그는 비록 걱정으로 지쳐있는 모습이었으나 유머를 잃지 않았다.

1290 worship [wə́ːrʃip] 명 예배, 숭배 동 예배하다, 숭배하다
There are seven sins in the world. Wealth without work, Pleasure without conscience, Knowledge without character, Commerce without morality, Science without humanity, *Worship* without sacrifice and politics without principle. (Mahatma Gandhi)
세상에는 일곱 가지의 죄가 있다. 노력 없는 부, 양심 없는 쾌락, 인격 없는 지식, 도덕성 없는 상업, 인성 없는 과학, 희생 없는 기도, 원칙 없는 정치가 그것이다. (마하트마 간디)

1291 wound [wuːnd] 명 부상, 상처 동 부상하다, 상처를 주다
※[waund] 동 wind[waind](구부러지다, 감다)의 과거·과거분사
wounded[wúːndid] 형 부상한, 다친
He hates to *wound* other's feeling.
그는 남의 마음에 상처 주는 것을 싫어한다.

1292 wrap [ræp] 동 감싸다, 두르다 명 덮개, 외피
He *wrapped* up the package in brown paper.
그는 그 꾸러미를 갈색 종이로 쌌다.

1293 wreath [riːθ] 명 화환
Laurel *wreath* stands for victory.
월계관은 승리를 상징한다.

1294 wreck [rek] 몡 난파, 파괴 동 난파하다, 파멸하다
You're *wrecking* my whole life.
너는 내 인생 모두를 망쳐놓았다.

1295 wrinkle [ríŋkl] 몡 주름 동 주름(살)이 지다
No one wants to have *wrinkle* and gray hair.
누구나 얼굴에 주름이 생기고 흰 머리카락이 생기는 것을 좋아하지 않는다.

1296 yarn [jɑːn] 몡 실, 털실, 뜨개실, 허풍, 긴 이야기
My mother made a sweater from balls of *yarn* for me.
어머니는 나에게 털실로 스웨터를 짜 주셨다.

1297 yawn [jɔːn] 몡 하품 동 하품하다
The meeting make me a *yawn* from start to finish.
그 회의는 처음부터 끝까지 몹시 따분했다.

1298 yearn [jəːrn] 동 동경하다, 그리워하다, 몹시 하고싶어하다
He *yearned* to see his motherland ones again.
그는 모국을 다시 한번 보기를 갈망했다.

1299 yell [jel] 동 큰소리치다, 폭소하다 몡 고함, 외침
He always *yells* when he is angry.
그는 화가 나면 언제나 소리를 질렀다.

1300 zeal [ziːl] 몡 열심, 열성
zealous[zéləs] 형 열심인, 열광적인
Most of the neighboring countries in Asia know the educational *zeal* of Korean parents.
아시아의 대부분 이웃 국가들은 한국 부모들이 교육에 대단한 열의를 가지고 있는 것을 알고 있다.

중학생 영어단어 베스트 찾아보기

A

able	8	**afraid**	23	**although**	215
ability		**after**	19	**always**	26
about	15	**afternoon**	19	**among**	78
above	16	**again**	27	**ancient**	120
absent	12	**age**	31	**angel**	39
absence		aged		**angle**	210
accent	112	**agent**	157	**angry**	96
accept	212	**ago**	24	anger	
acceptable		**agree**	193	angrily	
acceptance		agreement		**animal**	123
accident	191	**ah**	167	**anniversary**	55
accidental		**aid**	128	**announce**	206
across	47	**aim**	122	announcer	
act	16	**air**	38	**another**	144
action		**airplane**	169	**answer**	70
active		**airport**	170	**ant**	62
activity		**airship**	38	**antenna**	106
actual	132	**alarm**	194	**any**	163
add	18	**alas**	57	**anybody**	164
addition		**album**	56	**anyone**	164
additional		**alive**	35	**anything**	164
admit	216	**all**	56	**apple**	25
admission		**allow**	112	**apply**	208
adult	45	**almost**	213	application	
advice	197	**alone**	87	applicant	
advise		**alphabet**	30	**April**	154
adviser, −or		**alredy**	134	**area**	109
affair	159	**also**	38	**arm**	142

- 229 -

army	210	**babe**	68	**bat**	164
around	211	**baby**	60	**bath**	80
arouse	158	**back**	87	bathe	
arrive	36	**background**	210	bathroom	
arrival		**bacon**	172	bathing	
art	43	**bacteria**	220	**beach**	170
artist		**bad**	31	**bead**	55
artistic(al)		badly		**bear**	145
as	76	**badge**	223	bearer	
ash	172	**bag**	30	**beat**	212
ask	30	**baggage**	176	**beautiful**	69
ass	45	**bake**	42	beauty	
at	32	**balcony**	224	beautifully	
attend	191	**ball**	17	**because**	32
attendance		**balloon**	17	**become**	37
attendant		**bamboo**	219	**bed**	103
Aughst	154	**band**	119	**bee**	176
aunt	21	**bandage**	119	**beef**	45
automatic	214	**bar**	90	beefsteak	
automation		**bare**	143	**beer**	104
automobile	214	barely		**before**	71
autumn	152	bareness		**beg**	174
avoid	163	**base**	115	beggar	
avoidance		basic		**begin**	13
avoidable		basis		beginner	
away	133	**baseball**	118	beginning	
		basket	92	**behind**	102
B		**basketball**	92	**believe**	176

belief
bell 12
belong 127
belonging
below 77
belt 34
bench 35
beside 78
besides 78
between 78
bicycle 58
big 32
bill 125
bird 123
birthday 55
birth
bit 118
black 61
blind 186
blindness
block 146
bloom 180
blow 92
blue 62
body 143
boil 54
bolt 106
bone 189

bony
book 11
boot 143
both 97
boundary 223
bow 13
box 40
boxing 40
boy 10
bracelet 82
brain 140
brake 58
branch 44
brand 65
brave 193
bravely
bravery
bread 85
break 42
breakfast 42
bridge 136
bright 96
brighten
brightly
brightness
bring 82
broad 64
breadth

broaden
brother 68
brown 62
brush 106
bucket 92
build 37
bulb 210
bush 44
businessman 156
busy 156
business
but 76
buy 53
by 37

C

cab 194
cage 103
cake 86
calendar 156
call 33
calm 98
calmly
camera 60
camp 176
campaign 195
candle 167

candy	65	chairman	34	circulation	
cap	110	champion	219	city	23
capital	199	change	82	civil	199
capitalist		changeable		claim	224
captain	202	channel	214	class	46
car	27	charge	209	classify	
care	159	charm	122	classification	
careful		charming		clean	80
carefully		chat	129	cleanse	
carefulness		cheap	134	clear	80
careless		check	31	clearance	
carol	169	cheer	194	clever	83
carry	169	cheerful		cleverly	
carrier		cheerfully		cleverness	
case	93	chew	33	close	41
cast	173	chewing gum		closure	
castle	125	chick	164	closely	
catch	115	chicken		cloth	197
catelog(ue)	207	child	44	clothes	197
cattle	45	childhood		clothe	
ceiling	103	childish		cloud	173
center, -re	136	children		cloudy	
central		choice	158	cock	164
century	162	choose		cold	179
centenary		church	168	coldly	
centennial		circle	192	collect	200
cereal	224	circular		collection	
chair	34	circulate		collective	

college	157	**correct**	206	**dad**	58
come	36	correction		daddy	
comfort	165	**cost**	174	**danger**	171
comfortable		costly		dangerous	
comfortably		**cotton**	196	**dark**	96
committee	34	**council**	34	darkness	
common	201	**count**	105	darken	
community	202	**counter**	26	**date**	119
company	210	**country**	146	**daughter**	68
concern	213	countryside		**day**	150
condition	111	**couple**	67	daily	
conditional		**course**	96	**deal**	147
conduct	89	**court**	208	dealer	
connect	211	**cousin**	21	**dear**	100
connection		**cover**	48	**December**	155
consider	112	**cow**	45	**deep**	123
contact	18	**crazy**	56	depth	
contest	175	craze		deepen	
control	100	**crew**	214	deeply	
conversation	130	**crop**	86	**degree**	130
converse		**cross**	213	**delay**	203
cook	85	**crown**	20	**demand**	175
cooking		**cry**	22	**depart**	180
cool	179	**culture**	211	departure	
copy	149	cultural		**department**	202
copy right		**cut**	90	**desert**	201
corn	86			**design**	9
corner	91	D		designer	

desk	87	**distant**	58	**early**	133
detail	163	distance		**earn**	26
diary	49	**do**	8	**earth**	79
dictionary	74	**doctor**	20	earthly	
die	39	**doll**	65	**east**	132
dead		**door**	14	eastern	
death		**double**	184	**easy**	80
deadly		**doubt**	208	ease	
differ	200	doubtful		easily	
difference		doubtless		**eat**	17
different		**down**	128	**education**	225
differential		**dream**	78	educational	
difficult	121	dreamer		educated	
difficulty		**dress**	69	educate	
dig	100	**drink**	98	**effect**	162
dine	42	drunken		effective	
dinner		drunkard		**effort**	13
direct	106	**drive**	109	**egg**	126
directly		driver		**elect**	34
direction		**drop**	40	election	
director		**dry**	66	**electricity**	216
directory		**during**	185	electric	
discover	82	**duty**	127	electrical	
discovery				**elephant**	189
discuss	130			**elevate**	202
discussion		E		elevation	
dish	135	**each**	192	elevator	
display	166	**ear**	140	**empty**	46

end	39	examination		**fail**	100
endless		**example**	114	failure	
enemy	171	**excellent**	189	**fall**	84
enjoy	38	excellence		**false**	159
enjoyment		Excellency		**family**	58
enough	208	excel		**far**	58
enter	14	**exchange**	92	**farm**	86
entrance		**excite**	166	farmer	
entry		excitement		**fast**	133
envelope	119	exciting		**fat**	88
envelop		**excuse**	181	**father**	59
equal	175	**exercise**	187	**favo(u)r**	113
equally		**exist**	178	favorable	
equality		existence		**favorite**	15
err	200	**expect**	156	**fear**	101
error		expectation		fearful	
escape	136	**experience**	130	fearless	
especially	211	**experiment**	174	**February**	153
especial		experimental		**feel**	120
evening	52	**explain**	188	**fence**	180
event	215	explanation		fencing	
eventful		**express**	193	**fever**	186
ever	26	expression		**few**	64
every	163	**eye**	140	**field**	115
evil	177			**fight**	107
exactly	217	F		fighter	
exact		**face**	137	fighting	
examine	13	**fact**	101	**fill**	104

- 235 -

final	181	**found**	187	**gate**	137
finally		foundation		gateway	
find	82	founder		**general**	194
finger	141	**fox**	47	generally	
finish	84	**frame**	195	**gentle**	196
first	181	**free**	16	gently	
fit	89	freedom		gentleman	
fix	42	freely		**get**	24
fixed		**fresh**	98	**giant**	146
fixture		freshman		**girl**	10
floor	47	**Friday**	152	**glad**	62
flower	179	**friend**	75	gladly	
fly	113	friendly		**glass**	57
follow	114	friendship		**globe**	157
following		**front**	102	global	
follower		**fruit**	124	**go**	36
food	32	fruitful		**goat**	145
fool	48	**full**	25	**god**	78
foolish		fully		goddess	
foot	142	**fun**	60	**gold**	97
football		funny		golden	
footstep				goldfish	
foreign	146	**G**		**good**	103
foreigner		**game**	135	goods	
forget	110	**gang**	166	goodness	
form	90	**gap**	173	**government**	199
formal		**garden**	172	govern	
formation		gardening		governor	

grace	174	**hair**	141	heartily		
graceful		**half**	141	hearty		
gracious		**hand**	49	**heat**	137	
grade	13	handy	141	**heavy**	88	
grain	86	**handsome**		heavily		
grand	184	**happen**	69	**help**	127	
grandeur		**happy**	191	helper		
grandfather	60	happiness	19	helpful		
grandmother	59	happily		**hen**	126	
grass	22	**harbo(u)r**		**here**	70	
gray, grey	62	**hard**	202	**hero**	107	
great	108	harden	121	heroic		
greatly		hardness		heroine		
green	62	hardy		**hide**	180	
ground	195	**harm**		**high**	131	
grow	83	harmful	187	highly		
growth		harmless		**hill**	135	
guard	208	**hate**		**hip**	142	
guardian		hateful	32	**hire**	200	
guess	111	hatred		**history**	178	
guest	156	**have**		historic, -cal		
guide	17	**head**	8	historian		
guidance		headache	140	**hit**	136	
gun	171	**health**		**hold**	64	
		healthy	186	holder		
H		**hear**		**hole**	169	
habit	52	hearing	131	**home**	102	
habitual		**heart**	84	homemade		

homework		idol	206	**instant**	207
honest	74	**ill**	74	instantly	
honesty		illness		**instead**	215
honestly		**image**	214	instead of	
honey	68	**important**	206	**intend**	187
hope	100	importance		intention	
hopeful		**impossible**	209	**interesting**	15
hopeless		**income**	174	interest	
horn	124	**increase**	207	interested	
horse	22	**indeed**	193	**interior**	172
hot	179	**indicate**	201	**international**	146
hour	48	indication		**interval**	198
house	103	**individual**	196	**introduce**	192
hug	114	individuality		introduction	
huge	32	**inform**	167	introductory	
human	196	information		**invent**	185
humanity		**initial**	212	invention	
hundred	105	**inn**	109	inventor, -er	
hunt	115	**inner**	71	**invite**	26
hunter		**inquire**	30	invitation	
hunting		inquiry		**iron**	218
hurry	158	**insect**	195	**irony**	225
husband	21	**inside**	184	**issue**	166
hut	109	**insist**	216	**ivy**	172
		insistence			
I		insistent		J	
idea	43	**instance**	216	**January**	153
idle	165	for instance		**jar**	201

job	81	**lamp**	30	**let**	168	
joke	54	**land**	148	let's		
joy	101	landing		**letter**	118	
joyful		**language**	148	**level**	14	
July	154	**large**	108	**lie**	130	
June	154	largely		lier		
junior	99	**last**	191	white lie		
just	23	lasting		**life**	186	
		late	133	lifetime		
K		lately		**light**	218	
keep	165	**laugh**	143	lighten		
keeper		laughter		※light		
kick	212	**law**	158	lighten		
kill	55	lawful		lightly		
kind	74	lawyer		**like**	121	
kindly		**lead**	222	likeness		
kindness		leader		likewise		
king	20	leadership		**limit**	195	
kingdom		**leaf**	44	limitation		
kitchen	85	**learn**	9	limited		
knife	40	learned		**line**	144	
knock	129	learning		**lion**	144	
know	39	learner		**lip**	140	
knowledge		**leave**	37	**list**	148	
		left	55	**listen**	18	
L		leave		listener		
lady	67	**leg**	142	**little**	118	
lake	124	**lend**	224	**live**	35	

lively		mailman		**member**	186
lock	185	**make**	24	membership	
locker		maker		**memory**	110
long	63	**man**	66	memorize	
look	16	manly		memorial	
lose	134	**manner**	188	**merry**	31
loss		**many**	104	merrily	
loser		**map**	147	**message**	222
lost		**March**	154	messenger	
loud	190	**mark**	60	**middle**	108
loudly		**market**	203	**might**	25
loudness		**marry**	202	mighty	
love	113	marriage		**mind**	84
lovely		**mask**	143	**mine**	79
lover		**mass**	148	**minus**	162
loving		massive		**minute**	84
low	127	**match**	192	**mirror**	178
lower		**matter**	171	**miss(Miss)**	88
lucky	38	**may**	25	**mistake**	93
luck		**May**	154	**mister(=Mr.)**	88
luckily		**maybe**	91	**mix**	170
lunch	52	**meal**	33	mixture	
luncheon		**mean**	218	**model**	114
		meaning		**moment**	63
M		**meat**	33	momentary	
mad	96	**medal**	219	**Monday**	151
madness		**meet**	18	**money**	134
mail	184	meeting		monetary	

- 240 -

month	153		N		nicely	
monthly		**name**	89	**night**	52
mood	66	**nap**	177	nightly	
moon	66	**nation**	198	**noble**	220
moonlight		national		nobility	
more	81	nationality		**nod**	198
moreover		**native**	209	**noon**	52
morning	49	**nature**	194	**north**	132
most	81	natural		northern	
mostly		naturally		northeast	
mother	59	**near**	16	**nose**	140
motion	165	nearly		**not**	8
motionless		**neat**	104	**note**	11
mountain	216	neatly		notebook	
mountains		**necessary**	168	**notice**	221
mountainous		necessity		notify	
mouth	137	necessarily		noticeable	
move	118	**neck**	141	**November**	155
movement		necklace		**now**	120
moving		**need**	46	**number**	104
movie	118	needless		numerous	
much	80	**neighbo(u)r**	220	numeral	
music	104	neighborhood		**nut**	212
musical		**nest**	44		
musician		**never**	8		O
must	90	**new**	98	**oak**	190
		next	120	**obey**	222
		nice	177	obedience	

obedient			owner		personal	
o'clock	48				personally	
October	155		**P**		**pet**	123
of	75	**page**		12	**photograph**	208
off	75	**paint**		15	**pick**	43
offer	147	painter			**picture**	8
office	115	**pair**		75	picturesque	
officer		**paper**		56	**pig**	145
official		**parent**		59	**place**	64
often	57	**park**		71	placement	
oil	53	**part**		184	**plan**	163
old	99	partly			**plane**	90
on	75	**pass**		97	**plant**	223
once	49	passage			**plate**	135
oneself	220	**past**		79	**play**	65
by oneself		**pattern**		219	player	
for oneself		**pay**		26	**playground**	12
of oneself		payment			**please**	121
only	97	**peace**		178	pleasant	
open	41	peaceful			pleasure	
openly		**pencil**		83	**plenty**	53
or	76	**people**		196	plentiful	
order	79	**perfect**		190	**pocket**	89
other	144	perfectly			**point**	122
ought	91	perfection			**police**	199
out	71	**perhaps**		209	policeman	
over	107	**person**		185	**pond**	124
own	221	personality			**poor**	46

poorly		**pure**	225	**ray**	213	
poverty		purify		**reach**	36	
popular	107	purification		**read**	9	
popularly		purely		reader		
popularity		**push**	128	**ready**	207	
position	203	**put**	128	**real**	225	
possible	221			realize		
possibility		**Q**		realization		
possibly		**queen**	20	reality		
post	184	**question**	53	really		
postage		**quick**	131	real-estate		
postal		quickly		**reason**	168	
power	110	quicken		reasonable		
powerful		**quiet**	222	**receive**	101	
present	12	quietly		receiver		
presence		**quite**	108	reception		
pretty	69			receipt		
price	175	**R**		**record**	175	
priceless		**rabbit**	145	**red**	61	
pride	89	**race**	22	**refuse**	212	
proud		racing		refusal		
prize	156	racial		**regard**	206	
problem	14	**rail**	214	**regular**	188	
program(me)	221	railroad		regularly		
public	192	**rain**	19	**remain**	217	
publicity		rainy		**remark**	224	
pull	176	**rat**	144	remarkable		
pupil	10	**rate**	190	**remember**	110	

remembrance		room	102	same	70
remind	111	**root**	217	**sand**	173
rent	224	**rope**	187	sandy	
rental		**rose**	47	**Saturday**	152
repair	196	rosy		**say**	18
repeat	198	**rumo(u)r**	206	**school**	11
repetition		**round**	170	**sea**	19
report	167	**route**	210	**season**	152
respect	198	**rule**	188	seasonal	
respectable		ruler		**seat**	20
rest	157	ruling		**second**	181
restless		**run**	136	secondary	
result	223	runner		**see**	112
resultant		running		**seem**	112
retire	221	**rush**	222	**self**	219
retirement				selfish	
return	36	S		**sell**	128
rich	46	**sad**	63	seller	
ride	22	sadly		**send**	100
right	56	sadness		**sense**	217
rightly		**safe**	170	sensitive	
ring	81	safety		sensible	
rise	166	safely		senseless	
river	87	**sail**	124	**September**	155
road	99	sailer		**serve**	97
rock	126	**sale**	113	service	
rocky		salesman		**several**	162
roof	220	**salt**	86	**sheep**	146

shine	60	slowly		**stone**	218
ship	66	**small**	108	**store**	105
shipping		**smell**	159	**street**	126
shock	98	**smile**	56	**student**	10
shoe	142	**smoke**	172	**study**	147
shop	159	smoker		**style**	122
short	63	smoking		**such**	23
shorten		**snow**	180	**summer**	152
shortage		snowy		**sun**	66
shout	166	**so**	23	sunny	
show	41	**some**	162	**Sunday**	150
shut	41	**son**	68	**sure**	14
sick	188	**soon**	134	surely	
sickness		**sorry**	102	**surprise**	217
side	120	**south**	132	surprised	
sign	215	southern		surprising	
signature		**speak**	148	**swim**	85
silk	43	speaker		swimmer	
sing	40	**speech**	148	swimming	
song		**speed**	130		
singer		speedy			
sister	68	**spring**	152	T	
sit	70	**stand**	83	**tail**	124
size	91	**start**	84	**take**	126
sky	106	**station**	24	**talk**	129
sleep	177	**steam**	193	**tall**	108
sleepy		steamer		**teach**	9
slow	133	**step**	14	teacher	

telephone	149	**tower**	136	user	
tell	111	**town**	70	useful	
tale		**toy**	65	usage	
textbook	11	**train**	158	useless	
than	77	trainer			
theater, -re	126	training		**V**	
then	77	**travel**	176	**vase**	179
there	70	**tree**	43	**very**	30
thing	122	**true**	93	**victory**	54
think	111	truth		victor	
thousand	105	truly		victorious	
throw	200	**try**	40	**view**	112
Thursday	151	trial		**village**	223
ticket	125	**Tuesday**	151	villager	
tie	90	**turn**	36	**visit**	125
tiger	144	**type**	170	visitor	
till	76			visitation	
time	48	**U**		**voice**	190
timely		**umbrella**	92	vocal	
tire	201	**uncle**	21	**vote**	35
tired		**under**	128		
today	150	**underline**	48		
together	203	**understand**	11	**W**	
tomorrow	150	**uniform**	168	**wait**	168
tonight	52	**university**	189	waiter	
too	76	**until**	76	**walk**	57
top	114	**up, upon**	77	**wall**	120
torch	219	**use**	149	**want**	47

war	54	**wind**	27	yearly	
warm	178	windy		**yellow**	61
warmth		**window**	27	**yesterday**	150
wash	24	**wine**	98	**young**	99
water	38	**winter**	153	youth	
way	17	**wise**	122	youngster	
weak	88	wisdom		youthful	
weaken		**wish**	129	**zero**	190
weakness		**with**	107		
wear	197	**wolf**	189		
wedding	67	**woman**	67		
wed		**wood**	180		
Wednesday	151	wooden			
week	150	**wool**	82		
weekly		wool(l)en			
welcome	81	**word**	74		
well	131	**work**	198		
west	132	worker			
western		workman			
westward(s)		**write**	10		
wet	149	writing			
white	61	writer			
wide	64	written			
widen		**wrong**	93		
width		wrongly			
wife	20				
will	24	XYZ			
win	134	**year**	54		

수능시험
영어단어 베스트
찾아보기

A

abnormal
abnormality
aboard
abroad
absolute
absolutely
abstract
abstraction
absurd
absurdity
abundant
abundance
abuse
accelerate
acceleration
access
accessible
accession
accompany
accomplish
accomplishment
according
according as
according to
account
accountant
accurate
accuracy
accuse
accuser
accusation
accustom
accustomed
ache

achieve
achievement
acknowledge
acknowledg(e)ment
acquire
acquirement
adapt
adaptation
address
adjust
adjustment
administration
administer
admire
admiration
admirer
adopt
adoption
advance
advancement
advantage
advantageous
adventure
adventurous
advertise, -ze
advertisement
affect[1]
affection
affectionate
affect[2]
affectation
afford
afterward(s)
against
agreeable

agriculture
agricultural
ahead
alike
allege
along
aloud
alter
alteration
altogether
amaze
amazement
amazing
ambition
ambitious
amount
ancestor
ancestral
ankle
annoy
annoyance
annual
anticipate
anticipation
antique
antiquity
anxiety
anxious
anyhow
anywhere
apart
apiece
apologize
apology
apparent

- 251 -

apparently
appear
appearance
applaud
applause
applausive
appoint
appointment
appreciate
appreciation
appreciative
approach
approve
approval
apt
argue
argument
arise
arrange
arrangement
arrest
arrow
asleep
aspect
assemble
assembly
assist
assistance
assistant
associate
association
assure
assurance
astonish
astonishment

attach
attachment
attack
attain
attainment
attainable
attempt
attitude
attract
attraction
attractive
authority
authorize
average
awake
awaken
aware
awareness
awful
awfully
awfulness
awkward

B
balance
bald
bald eagle
ban
bank¹
bank²
bargain
bark¹
bark²
barn
basement

battle
bean
behalf
on behalf of
behave
behavior, -iour
behold
bend
beneath
benefit
beneficial
betray
beyond
bind
bite
bitter
bitterly
blame
blameless
blank
blanket
blend
blood
bloodshed
bloody
board
boarder
bold
bomb
bombard
bond
bondage
boom
border
bore¹

bore²
  boresome
borrow
bother
  bothersome
bottle
bottom
bowl¹
bowl²
brass
breakdown
breast
breath
  breathe
  breathing
bride
  bridegroom
brief
  briefly
brilliant
  brilliance
broadcast
bronze
bud
bump
burglar
bury
  burial
butcher
button

C
cabbage
cabinet
cable
cafeteria
calculate
  calculation
cancer
capacity
carve
cash
casual
  casually
category
  categorize
cathedral
cause
caution
  cautious
cave
celebrate
  celebration
celebrated
cell
  cellular
ceremony
  ceremonial
certain
  certainly
  certainty
certify
challenge
charter
cheat
cheek
  cheeky
chemical
  chemist
  chemistry
chief
chin
chorus
circumstance
  circumstantial
citizen
  citizenship
classic
  classical
clearly
clerk
cliff
climate
climb
  climber
cling
clinic
  clinical
closet
coast
  coastal
code
collapse
combine
  combination
command
  commandment
  commander
commit
  commission
  commitment
commonly
commonplace
communicate
  communication

compare
  comparison
  comparative
compel
complain
  complaint
complex
  complexity
compose
  composition
  composite
composer
comprehend
  comprehension
  comprehensive
concentrate
  concentration
concise
conclude
  conclusion
  conclusive
condemn
conference
confess
  confession
confirm
  confirmation
conflict
confuse
  confusion
congratulation
  congratulate
conscious
  consciousness
consent

considerable
consist
  consistence, --cy
  consistent
constant
  constantly
construction
  construct
  constructive
consult
  consultant
  consultation
consume
  consumer
  consumption
contain
  container
content¹
content²
continent
  continental
continue
  continual
  continuous
contribute
  contribution
convenience
  convenient
convey
  conveyance
co(-)operate
  co(-)operation
correspond
  correspondent
  correspondence

costume
cough
courage
  courageous
crack
create
  creature
  creation
  creative
credit
crime
  criminal
crisis
crowd
  crowded
cruel
  cruelty
cultivate
  cultivation
curious
  curiosity
  curiously
curtain
custom
  customary
customer

D

damage
dare
dash
deaf
  deafen
debt
decade

decay
decide
  decision
  decisive
  decided
declare
  declaration
decorate
  decoration
decrease
deed
deer
defeat
defend
  defense, -ce
  defensive
delegate
  delegation
delicate
  delicately
delicious
delight
  delightful
democracy
  democratic
demonstrate
  demonstration
dental
  dentist
deny
  denial
depend
  dependence, -dance
  dependent
deposit

depression
  depress
  depressed
deprive
describe
  description
desire
  desirous
despair
  desperate
  desperately
destination
  destine
  destined
  destiny
destroy
  destroyer
  destruction
  destructive
determine
  determination
develop
  development
dew
dialogue
digest
  digestion
dirty
  dirt
disadvantage
  disadvantageous
disagree
  disagreement
  disagreeable
disappear

  disappearance
disappoint
  disappointment
disgust
dislike
dispute
distinct
  distinction
  distinguish
  distinctly
  distinctive
  distinguished
district
dive
divide
  division
donate
  donation
dormitory
dose
dot
dove
downstair(s)
dozen
drag
dragon
draw
  drawer
  drawing
drill
drug
  drug store
dual
due
dull

dust
  dusty
Dutch
dwell
  dwelling
dynamic

E
eager
  eagerly
  eagerness
eagle
earnest
  earnestly
economy
  economic
  economical
either
elder
else
emerge
  emergence
  emergent
emergency
emigrate
  emigration
  emigrant
employ
  employment
  employer
  employee
enable
enclose
  enclosure
encourage

  encouragement
endure
  endurance
engage
  engagement
enormous
enterprise
entire
  entirely
environment
  environmental
envy
  envious
era
errand
essence
  essential
establish
  establishment
esteem
estimate
  estimation
eve
even
eventual
  eventually
everyday
everyone, -body
everything
everywhere
evolution
  evolutionary
  evolve
exaggerate
  exaggeration

exceed
  excess
  excessive
except
  exception
  exceptional
exclaim
  exclamation
exhaust
  exhaustion
exhibit
  exhibition
exit
expand
  expansion
  expanse
expel
expense
  expend
  expensive
expert
expire
  expiration
  expiry
explore
  explorer
  exploration
export
expose
  exposure
extend
  extension
extent
  extensive
extra

extraordinary
extreme
  extremely

F
fable
factor
factory
faint
  faintly
faith
  faithful
  faithfully
fame
  famous
fantastic, -tical
fasten
fatigue
feed
fellow
  fellowship
female
fiber, fibre
fiction
fine[1]
fine[2]
firm[1]
  firmness
  firmly
firm[2]
flag
flat
  flatten
flight
float

flood
flour
flow
foam
focus
fog
  foggy
fold
fond
  be fond of
forbid
forecast
forever
former
  formerly
fortune
  fortunate
  fortunately
forward
  look forward to
fragile
freeze
frighten
  fright
  frightful
  frightfully
frontier
frost
fuel
fulfill, -fil
  fulfillment, -filment
fund
fundamental
fur
furnish

furniture
further
future

G
gain
gallery
gamble
garage
gasp
gather
  gathering
gay
generation
  generate
generous
genius
gift
giraffe
glide
glitter
glory
  glorious
glove
goal
goose
gown
grab
gradually
  gradual
graduate
  graduation
grammar
grape
grateful

gratefully
greet
greeting
grief
grieve
grip
grocery
grocer
guarantee

H
halfway
handicap
handkerchief
hang
hardly
hare
harmony
harmonious
harmonize
harvest
haste
hasty
hastily
hasten
hawk
hay
heaven
heavenly
heel
hell
helpless
hence
hesitate
hillside

hint
hobby
holiday
honor, -nour
horror
horrible
hospital
hospitalize
hospitalization
host¹
hostess
host²
household
humor, -our
humorous
hungry
hunger
hurt

I
identify
identification
identity
ignore
ignorance
ignorant
illegal
imagine
imagination
imaginary
imitate
imitation
immediately
immediate
imperfect

imperfection
imply
import
imprison
improve
improvement
inaugurate
inauguration
incident
incidental
incidentally
include
including
inclusion
incorrect
incredible
indifferent
indifference
indirect
indirection
indulge
industry
industrial
industrious
infant
infancy
infection
infect
infectious
inferior
informal
injury
injustice
insane
insert

insertion
insight
inspect
inspection
inspector
inspire
inspiration
install
installation
instinct
instruct
instruction
instructive
instructor
instrument
instrumental
musical instrument
insufficient
insult
intellect
intellectual
intent
interfere
interference
interpret
interpretation
interpreter
interrupt
interruption
invade
invasion
invader
invest
investment
involve

involvement
isolate
isolation
item
ivory

J
jail
jealous
jealousy
jewel
jewelry, -ellery
join
joint
journal
journalism
journalist
journey
judge
judgment, -dgement
judicial
justice
justify
justification

K
kid
kitten
knight

L
label
laboratory
lack

ladder
landmark
lane
latter
laundry
lay
league
leap
least
leather
lecture
lecturer
legal
legend
leisure
less
lessen
lesson
liberty
liberal
liberate
library
lick
lift
link
liquor
load
loaf
local
log
lone
lonely
lonesome
loose
loosen

lung
luxury
  luxurious

M
ma'am
machine
  machinery
madam
magazine
magic
  magician
maid
  maiden
main
  mainly
major
  majority
male
manage
  management
  manager
mankind
maple
marble
marine
marvel
  marvelous, -llous
mast
master
mate
mature
mayor
means
medical

medicine
medium
mend
mental
mention
merchant
mere
  merely
merit
mess
metal
method
mild
mill
  miller
million
  million(n)aire
miniature
minimum
  minimize
minor
  minority
miracle
  miraculous
mischief
misfortune
mission
  missionary
mistress
misunderstand
mode
modern
monkey
monster
  monstrous

monument
  monumental
moral
  moralist
  morality
mosquito
moth
motive
mount
mouse
mud
  muddy
murder
muscle
museum
mushroom
mutual
mystery
  mysterious

N
naked
narrow
navy
  naval
needle
negative
neglect
  negligence
neither
nervous
  nerve
nevertheless
nobody
none

nor
normal
novel[1]
novel[2]
novelty
nowadays
nowhere
nuclear
nurse

O

object[1]
objective
object[2]
objection
obligate
obligation
observe
observation
observance
observer
obtain
obvious
obviously
occur
occurrence
ocean
omit
omission
onion
opinion
orbit
orchard
ordinary
organize

organization
orient
oriental
orientation
origin
originate
original
otherwise
outdoor
outdoors
overcome
overhead
overlook
overwork
owl
ox
oxygen

P

pace
pack
package
pain
painful
palace
pale
parade
paradise
parcel
pardon
participate
particular
particularly
partner
passenger

passion
passionate
passionately
path
patient
patience
patriot
pause
peacock
peak
pear
pearl
pebble
penalty
penetrate
pepper
perform
performance
perfume
period
periodic
periodical
perish
permanent
permit
permission
persist
persistence, −tency
persistent
persuade
persuasive
persuasion
physician
piece
pile

pink
pity
plain
  plainly
platform
plus
poem
  poet
  poetry
poison
pole¹
  polar
pole²
policy¹
policy²
polite
  politely
  politeness
pollute
  pollution
pony
pool¹
pool²
population
port
pose
possess
  possession
  possessive
postpone
pot
potato
  couch potato
pound¹
pound²

pour
powder
practice, -tise
  practical
  practically
praise
precede
prefer
  preference
prepare
  preparation
prescribe
  prescription
presently
preserve
  preservation
president
  presidential
press
  pressure
pretend
  pretension
prevent
  prevention
primary
prime
prince
  princess
principal
principle
private
  privacy
probably
proceed
  process

procession
procedure
produce
  producer
product
  production
  productive
professor
profit
  profitable
progress
  progressive
project
  projection
promise
prompt
  promptly
pronounce
  pronunciation
proper
  properly
property
propose
  proposal
  proposition
protect
  protection
  protector
protest
prove
  proof
provide
  provision
provided
publish

- 262 -

publication
punctual
punish
punishment
purchase
purpose
purse
puzzle

Q
qualify
qualification
quality
quantity
quarrel
quarrelsome
quit
quote
quotation

R
rag
ragged
rage
rainbow
raise
random
rank
rapid
rapidly
rare
rarely
rather
react

reaction
recall
recent
recently
recite
recital
recognize
recognition
recollect
recollection
recommend
recommendation
recover
recovery
recreate
recreation
refer
reference
reflect
reflection, -flexion
region
regret
regrettable
regulate
regulation
reject
rejection
relate
relation
relationship
relative
relax
relaxation
religion
religious

rely
remote
remove
removal
renew
renewal
replace
replacement
reply
represent
representative
republic
request
require
requirement
reserve
reservation
reside
residence
resident
resign
resignation
resort
resource
respond
response
responsive
responsibility
responsible
restore
restoration
restrict
restriction
retail
reveal

review	save¹	seriously
revolution	save²	servant
revolutionary	scarcely	set
reward	scarlet	shade
rib	scene	shadow
riddle	scenery	shake
ripe	scent	shame
risk	schedule	shameful
roast	scholar	shameless
rob	science	shape
robber	scientist	share
rod	scold	sharp
role	scramble	sharpen
roll	scratch	sharply
rough	screen	sheet
royal	sculpture	shelf
royalty	search	shelter
rub	seashore	shoot
rubber	seaside	shot
rude	secret	shore
rug	secrecy	shoulder
ruin	secretly	shower
	secretary	shrink
S	seed	shy
sack	seek	sight
sacrifice	seldom	signal
salary	select	silence
salmon	selection	silent
sample	senior	silently
sanitary	sensation	silver
satisfy	sentence	similar
satisfaction	sentiment	similarity
satisfactory	sentimental	similarly
satisfied	series	simple
savage	serious	simplicity

simplify
simply
since
sincere
sincerity
single
sink
situation
skill
skillful
skin
skip
slice
slide
slight
slip
slope
smart
smooth
smoothly
snake
soap
so-called
social
society
socialize
soft
softly
soften
solar
soldier
solemn
solemnly
solve
solution

somebody
something
sometimes
somewhere
sorrow
sorrowful
sort
sour
source
space
space station
spare
spark
special
specially
specialize
specialist
specific
spectacle
spectacular
spectator
speculation
speculate
spend
spider
spirit
spiritual
spite
in spite of
splendid
splendor, -dour
spoil
spot
spread
spy

square
stage
stair
stamp
standard
stare
startle
starve
state
statement
stay
steady
steadily
steal
steel
stem
stick[1]
stick[2]
still
stock
storm
stormy
story[1]
story[2], **storey**
straight
straighten
strange
stranger
strangely
stream
strength
stress
stretch
strict
strictly

strike
stroke
string
strive
stroll
structure
structural
struggle
stumble
stupid
stupidity
subject
submarine
substance
substantial
substitute
substitution
subtle
subway
succeed
success
successful
successfully
succession
successive
successor
sudden
suddenly
suffer
suffering
sufferer
suggest
suggestion
suitable
summary

summit
sunlight
supper
supply
support
supporter
suppose
supreme
surface
surround
surrounding
survey
survive
survival
survivor
swan
swarm
sweat
sweater
sweep
sweet
sweetly
sweetness
sweeten
sweetheart
swift
swiftly
sword
symbol
symbolic, -ical
symbolize
system
systematic

T
tailor
talent
target
task
taste
tax
taxation
tear¹
tear²
temper
temporary
temporarily
tend¹
tendency
tend²
term
terrible
terror
terrify
terribly
thanksgiving
therefore
thick
thief
thieve
theft
thin
thirst
thirsty
though
thought
thoughtful
threat
threaten

thrill
through
throughout
thus
tide
tidy
tight
  tighten
  tightly
tiny
tip¹
tip²
tissue
title
token
tool
tooth
  toothache
topic
toss
total
  totally
touch
tour
  tourist
toward(s)
towel
track
trade
  trader
traffic
transfer
translate
  translation
transport

transportation
tread
treasure
  treasury
treat
  treatment
tremble
tremendous
trend
trick
trip
tripple
troop
trouble
trousers
trust
tutor
twice
twin
twist
typical

U
ugly
unable
uncertain
  uncertainty
undergo
underground
uneasy
unexpected
union
unit
unite
universal

universe
unkind
unless
unnecessary
  unnecessarily
unusual
upper
upset
upstair(s)
upward
urban
urge
  urgent
used¹
used²
usual
  usually
utilize
  utility

V
vacation
vaccinate
vacuum
vain
  vanity
valley
value
  valuable
vary
  various
  variety
  variation
  variable
vast

- 267 -

vegetable
 vegetarian
vehicle
venture
vice
 vicious
victim
viewpoint
vine
violate
 violation
violence
 violent
 violently
virtue
 virtuous
visible
vision
 visual
 visualize
vital
 vitality
 vitally
vivid
 vividly
vocation
 vocational
volunteer
vow
voyage

W
wage
waist
wake

 waken
wander
warn
 warning
waste
watch
wave
wealth
 wealthy
weather
weigh
 weight
welfare
whale
wheel
whether
while
 once in a while
whole
 wholly
widow
wild
 wilderness
 wildly
wing
wire
wit
witch
withdraw
 withdrawal
within
without
witness
wonder
 wonderful

world
 worldwide
 worldly
worry
worse
worth
 worthy
 worthless
wrist

XYZ
yet
yield
zebra
zone
zoo
 zoology
 zoologist
 zoological